WEBER'S

DUTCH OVEN

& PLANCHA

weber
weber

MANUEL WEYER

WEBER'S

DUTCH OVEN & PLANCHA

KLASSIKER UND ÜBERRASCHENDE GERICHTE

INHALT

VORWORT

DAS BESTE ZWEIER WELTEN

DIE TOOLS FÜR GRENZENLOSES GRILLVERGNÜGEN

Willkommen! *Weber's Dutch Oven & Plancha* vereint das Beste aus zwei Welten, bereitet großes Grillvergnügen und gibt euch einen unglaublichen Facettenreichtum bei der Zubereitung eurer Lieblingsgerichte an die Hand. In diesem Buch dreht sich alles um zwei der beliebtesten Tools für euren Grill. Mit Weber's Dutch Oven 2-in-1 gelingt etwa der Spagat zwischen Klassik und Grillmoderne. Ihr könnt euch jetzt schon darauf freuen, was alles möglich ist. Wollt ihr den Dutch Oven komplett nutzen oder nur seinen Deckel wie eine Grillplatte? Wie wäre es, wenn ihr einfach beides gleichzeitig für die Zubereitung unterschiedlicher Bestandteile eures Hero Dinner verwendet? Erfahrt mehr in diesem Buch, habt Spaß und feiert mit uns diese besondere Zubereitungsart.

Vom ausgiebigen Grillen mit dem Dutch Oven, der in den Niederlanden erfunden, aber erst in den USA salonfähig gemacht wurde, gehen wir anschließend ein Stück weit in den Mittelmeerraum, wo die Grillplatte, auch Plancha genannt, ursprünglich zu Hause ist.

Mit der Plancha ist man bei starker bis sehr starker/voller Hitze (220–290 °C+) meist „quick & dirty" unterwegs, darüber hinaus steht sie für vollflächiges Grillen, das nicht nur für eine perfekte Kruste sorgt, sondern auch für eine unkomplizierte Handhabung von kleinteiligem Grillgut. Die Plancha erleichtert zudem die Zubereitung von häufig gefürchtetem Grillgut wie feinen Fischfilets und bietet euch die Möglichkeit, das Zubereitungsportfolio auf dem Grill fast grenzenlos zu erweitern.

Ihr werdet überrascht sein, wie gut und vor allem einfach sich diese beiden Tools nutzen lassen. Vergrößert euren Erfahrungsschatz beim Grillen und erfreut euch an beliebten, neuen und geschmacksintensiven Gerichten, die die Herzen höher schlagen lassen und die Geschmacksknospen sowie das Lebensgefühl beim Outdoor-Cooking bereichern.

Eine genussvolle Zeit wünscht euch

Manuel Weyer

DUTCH OVEN

OLD SCHOOL & MODERN STYLE

Die ursprüngliche Nutzung eines Dutch Oven ist das Garen in der Glut oder – an einem Dreibein an Haken aufgehängt – über dem offenen Feuer. Dabei unterscheiden sich die Feuertöpfe in ihrer Größe und Beschaffenheit.

Ein herkömmlicher Dutch Oven besteht aus Gusseisen, einer Legierung aus Eisen und Kohlenstoff, die ihm u. a. seine wärmespeichernde Beschaffenheit und seine typische pechschwarze Farbe verleiht. Für Diskussionen sorgt die Frage, ob der gusseiserne Topf vor dem erstmaligen Gebrauch eingebrannt werden sollte, damit sich eine schützende Patina entwickeln kann.

1 Grundsätzlich sollte man einen Dutch Oven samt seinem Deckel vor der Erstbenutzung mit heißem Wasser ausspülen und gut trocken reiben. Danach wird er auf Raumtemperatur heruntergekühlt, dann innen und außen mit (hoch erhitzbarem) Speiseöl oder -fett eingerieben (am besten Raps- oder Sonnenblumenöl; Olivenöl eignet sich nicht).

2 Topf und Deckel werden schließlich kopfüber auf den Grillrost gestellt und über direkter sehr starker Hitze (250–290 °C) bei geschlossenem Grilldeckel ca. 1 Stunde eingebrannt (beachtet aber die Herstellerangaben; manche Töpfe sind bereits voreingebrannt). Anschließend könnt ihr den Dutch Oven zum Backen, Kurzbraten, Räuchern und Frittieren verwenden.

3 Das Einbrennen reinigt den Dutch Oven bei erstmaliger Benutzung und verhindert das Ankleben des Grillguts im Topf oder auf dem Deckel. Sobald der Dutch Oven allerdings mit Flüssigkeit (Kochen über einen längeren Zeitraum) in Verbindung kommt, geht dieser Effekt wieder verloren und das Einbrennen sollte je nach Benutzung wiederholt werden.

4 Nach dem Grillvergnügen solltet ihr euren Dutch Oven lediglich mit einer Geschirrbürste oder einem Schwamm säubern, ohne Zusatz von Spül- und Reinigungsmittel ausspülen, gut abtrocknen und mit neutralem Speiseöl oder -fett einreiben.

TEMPERATURBEREICHE BEIM GRILLEN

110–125 °C	sehr schwache Hitze	180–220 °C	mittlere bis starke Hitze
125–140 °C	schwache Hitze	220–250 °C	starke Hitze
140–150 °C	schwache bis mittlere Hitze	250–290 °C	sehr starke Hitze/Searing
150–180 °C	mittlere Hitze	290 °C +	volle Hitze

DUTCH OVEN

DER BESONDERE: WEBER'S DUTCH OVEN 2-IN-1

Anders als ein herkömmlicher Dutch Oven besteht Weber's Dutch Oven 2-in-1 aus Gusseisen, das zusätzlich noch mit einer Porzellanemaillierung überzogen wurde.

Der entscheidende Vorteil dabei ist, dass er nicht eingebrannt werden muss, trotzdem so gut wie nichts im Topf kleben bleibt beziehungsweise anbrennt, er sich kinderleicht reinigen lässt und darüber hinaus nicht nach jedem Gebrauch mit Speiseöl oder -fett eingepflegt werden muss. Dazu kommt, dass der Deckel des Weber's Dutch Oven 2-in-1 nicht nur zum Verschließen des Mehrzweckbräters und zum geschlossenen Garen dient, sondern auch als Plancha beziehungsweise Grillplatte verwendet werden kann. Ein Goody der Extraklasse!

Grillen in Weber's Dutch Oven 2-in-1

1 Weber's Dutch Oven ist ein Multitalent und bietet unbegrenzte Möglichkeiten auf dem Grill. Der 6,8-Liter-Topf und Mehrzweckbräter sorgt für eine gleichmäßige Wärmeverteilung und -speicherung und ist deshalb auch perfekt für zarte Braten oder Ribs geeignet. Aufgrund der hohen Luftfeuchtigkeit im Topf verkürzt sich zudem die Grillzeit.

Grillen in Weber's Dutch Oven-Deckel

2 Der Deckel von Weber's Dutch Oven 2-in-1 ist nicht nur zum Verschließen des Topfs, sondern auch als Grillplatte konzipiert, die separat genutzt werden kann. Der Deckel lässt sich zum Kurzbraten einsetzen, in ihm kann Gemüse gegrillt und karamellisiert werden, er eignet sich zum Toasten von Sandwiches, aber auch zum Backen.

Grillen in Weber's Dutch Oven und im Deckel gleichzeitig

3 Wer den Dutch Oven und seinen Deckel zur Zubereitung von verschiedenem Grillgut einsetzt, schlägt zwei Fliegen mit einer Klappe. Im Topf gart beispielsweise ein leckerer Eintopf, und auf dem Deckel, mit dem der Dutch Oven verschlossen wird, wird gleichzeitig ein köstliches Fladenbrot gebacken: doppelter Genuss aus einem Topf!

DUTCH OVEN

AUF DIE TECHNIK KOMMT ES AN!

Das Grillen mit Weber's Dutch Oven 2-in-1 ist denkbar simpel. Aufgrund seiner Beschaffenheit könnt ihr ihn auf jedem Grilltyp nutzen. Offenes Feuer hingegen solltet ihr meiden, damit seine porzellanemaillierte Beschichtung nicht beschädigt wird. Am häufigsten kommt er auf Holzkohle- und Gasgrills zum Einsatz.

GRILLEN IM HOLZKOHLEGRILL

Bei der Vorbereitung des Holzkohlegrills sind Flüssiganzünder oder Fön tabu! Einfach 2–3 Anzündwürfel auf den Kohlerost legen, die gewünschte Menge an Briketts/Holzkohle in den Anzündkamin geben, die Würfel anzünden und den Kamin darüber stellen. Die Briketts sind verwendungsfähig, wenn sie zu drei Vierteln durchgeglüht sind (das dauert in der Regel 15–20 Minuten, bei Holzkohle 12–15 Minuten). Die glühenden Briketts/Kohlen anschließend gleichmäßig auf die Kohlekörbe verteilen, den Dutch Oven einsetzen und bei geschlossenem Grilldeckel 12–15 Minuten vorheizen. Briketts oder Kokosbriketts eignen sich besser als Holzkohle, da sie die Temperatur konstant über einen langen Zeitraum abgeben.

OBERHITZE MIT WEBER'S DUTCH OVEN 2-IN-1

Beim Grillen in einem herkömmlichen Dutch Oven legt man je nach Zubereitung während des Grillens einige glühende Briketts auf den Deckel des Dutch Oven, um die nötige Oberhitze zu erzeugen. Um die nötige Oberhitze in Weber's Dutch Oven 2-in-1 zu generieren, nehmt ihr einfach den Deckel zum Ende des letzten Drittels eurer Garzeit ab und grillt anschließend bei geschlossenem Grilldeckel weiter.

DIE RICHTIGE TEMPERATUR!

„Viel hilft viel“ ist nicht immer das beste Motto, wenn es um die Frage der Temperatur im Holzkohlegrill geht. Die Temperatur steuert ihr am besten über die Menge der Briketts. Abhängig davon, welchen Grill ihr verwendet, ob ihr Holzkohle, Briketts oder Kokosbriketts einsetzt und wie die Wetterbedingungen sind, darunter Windstärke und Luftfeuchtigkeit, könnt ihr diese groben Richtwerte nutzen:

¼ Kaminfüllung Weber Briketts = 140–150 °C (schwache bis mittlere Hitze)
½ Kaminfüllung Weber Briketts = 150–220 °C (mittlere bis starke Hitze)
¾ Kaminfüllung Webers Briketts = 220–250 °C (starke Hitze)
1 Kaminfüllung Weber Briketts = 250–290 °C (sehr starke Hitze/Searing)

HITZEMANAGEMENT

Habt ihr die richtige Menge an Briketts gewählt, könnt ihr die Temperatur zudem über die Deckellüftung sowie über den Lüftungsschieber im Kessel steuern. Allerdings dauert die Regulierung 15–20 Minuten. Viel Zug, d. h. Sauerstoffzirkulation im Grill, bedeutet, dass die Briketts angefeuert werden, die Temperatur also steigt. Wird die Sauerstoffzufuhr dagegen reduziert, sinkt langsam die Temperatur im Grill.

GRILLTECHNIKEN IM HOLZKOHLEGRILL

Direkte Hitze: Bedeutet die unmittelbare Hitze unter dem Dutch Oven. Der Topf wird im Grillrost eingesetzt oder auf den Rost gestellt und 12–15 Minuten bei geschlossenem Grilldeckel vorgeheizt.

Diese Technik dient zum Anbraten, Räuchern, Frittieren und Kurzgrillen.

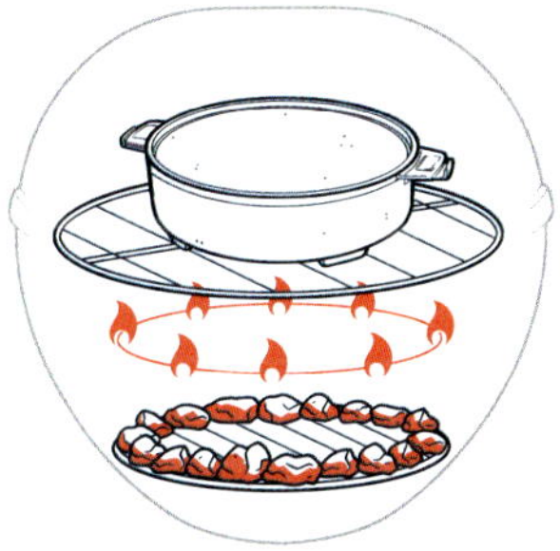

Indirekte Hitze: Bedeutet, dass der Dutch Oven mittig im Grillrost eingesetzt ist bzw. mittig auf dem Grillrost steht und die Briketts seitlich auf dem Kohlerost oder in Form eines Minion-Rings (wie hier) geschichtet sind.

Diese Technik dient zum Kochen, Schmoren sowie Backen bei mittlerer bis starker Hitze über einen längeren Zeitraum.

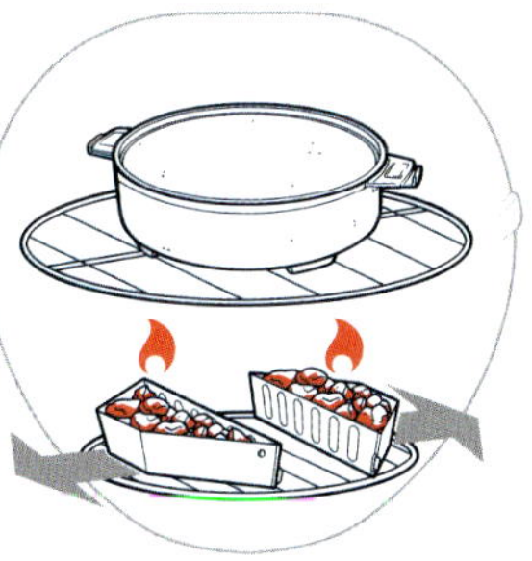

Kombinierte Hitze: Bedeutet zunächst die direkte Hitze unter dem Dutch Oven. Dazu werden die Briketts mittig (gegebenenfalls in Kohlekörben) auf dem Kohlerost platziert und dann nach dem Anbraten/Angrillen seitlich angeordnet oder kreisrund auf dem Kohlerost aufgeschichtet.

Diese Technik dient nach dem Anbraten/Angrillen über direkter Hitze zum Weitergrillen, -kochen, -backen, -dünsten oder Schmoren über einen längeren Zeitraum in der indirekten Zone. Außerdem bietet diese Technik die Möglichkeit, im Dutch Oven und im Dutch Oven-Deckel gleichzeitig bei geschlossenem Grilldeckel zu grillen.

KLEINE AUFFRISCHUNG ZUM THEMA RÄUCHERN

Den **Holzkohlegrill** für indirekte schwache bis mittlere Hitze (140–160 °C) vorbereiten. Die (mind. 30 Minuten) gewässerten Räucherchips auf der Glut verteilen, die Deckel- sowie die Kessellüftung zur Hälfte schließen, das Grillgut in der indirekten Zone platzieren und bei geschlossenem Grilldeckel grillen und räuchern.

GRILLEN IM GASGRILL

Das Grillen mit einem Dutch Oven im Gasgrill ist denkbar einfach. Dazu den Grill auf die gewünschte Zieltemperatur bringen, den Dutch Oven einsetzen, 12–15 Minuten bei geschlossenem Grilldeckel vorheizen und losgrillen. Zum einfacheren Handling könnt ihr gegebenenfalls den oberen Ablagerost herausnehmen, damit er euch bei der Zubereitung im Dutch Oven nicht stört.

GRILLTECHNIKEN IM GASGRILL

Direkte Hitze: Bedeutet die unmittelbare Hitze unter dem Dutch Oven. Der Dutch Oven wird im Grillrost eingesetzt oder auf den Rost gestellt, alle Brenner sind an und der Dutch Oven wird 12–15 Minuten bei geschlossenem Grilldeckel vorgeheizt.

Diese Technik dient zum Anbraten, Räuchern, Frittieren und Kurzgrillen im Dutch Oven.

Indirekte Hitze: Bedeutet, dass der Dutch Oven mittig im Grillrost eingesetzt und der Brenner direkt darunter ausgeschaltet ist. Die Brenner links und rechts vom Dutch Oven sind an.

Diese Technik dient zum Kochen, Schmoren sowie Backen bei mittlerer bis starker Hitze über einen längeren Zeitraum.

Kombinierte Hitze: Bedeutet zunächst, dass der Dutch Oven im Rost eingesetzt ist, alle Brenner an sind und der Dutch Oven vorgeheizt ist. Nach dem Anbraten/Angrillen wird der Brenner direkt unter dem Dutch Oven ausgeschaltet und die seitlichen Brenner werden entsprechend reguliert.

Diese Technik dient nach dem Anbraten/Angrillen über direkter Hitze zum Weitergrillen, -kochen, -backen, -dünsten oder Schmoren über einen längeren Zeitraum in der indirekten Zone. Außerdem bietet diese Technik die Möglichkeit, im Dutch Oven und im Dutch Oven-Deckel gleichzeitig bei geschlossenem Grilldeckel zu grillen.

ZUBEREITUNGSFORMEN IN WEBER'S DUTCH OVEN 2-IN-1

Kurzgrillen

Schmoren

Räuchern

Kochen

Backen

Frittieren

KLEINE AUFFRISCHUNG ZUM THEMA RÄUCHERN

Beim **Gasgrill** gibt man zunächst ein Drittel trockene Chips in die Räucherbox, die Grillroste werden herausgenommen und die Räucherbox wird über direkter Hitze auf die Aromaschienen gestellt. Bei geschlossenem Grilldeckel werden die Chips anschließend in 6–8 Minuten entzündet. Sobald Rauch entsteht, die Roste wieder einsetzen, die Räucherbox auf den Grillrost stellen, das Grillgut auflegen und bei geschlossenem Grilldeckel räuchern. Während des Grillens gewässerte Chips (mind. 30 Minuten wässern!) nachlegen.

TRENDSETTER: MOBILE PLANCHA

Das Grillen von Fisch, Fleisch, Gemüse, Obst, Käse, Geflügel, süßen und herzhaften Backteigen auf einer Plancha ist eine absolute Bereicherung. Auf der Grillplatte könnt ihr zubereiten, was das Herz begehrt – vom Frühstück bis zum Mitternachtssnack!

Ihren Ursprung hat die Plancha im Mittelmeerraum, genauer gesagt in Spanien. Dort grillt man auf sogenannten Plancha-Grills. Befeuert werden diese Grills entweder mit Holz, Holzkohle, Gas oder elektrisch. Die Planchas, auch Grill- oder Feuerplatten genannt, haben meist eine leicht schräge Grillfläche, sodass überschüssiges Öl oder Fett direkt ablaufen kann und nur so viel vom Grillgut aufgenommen wird wie nötig – das ermöglicht ein gesundes Grillen.

1 Planchas bestehen aus unterschiedlichen Materialien, die von Edelstahl über Aluminiumlegierungen bis hin zu Gusseisen und porzellanemailliertem Gusseisen reichen. Besondere Vorzüge haben mobile Planchas, die einfach in den Grill eingesetzt oder auf den Grillrost gelegt werden können.

2 Auch bei Planchas und mobilen Feuerplatten stellt sich die Frage, ob die Platte vor dem ersten Gebrauch eingebrannt werden muss. Hier kommt es auf das Material der Feuerplatte an. Besteht sie aus reinem Gusseisen, sollte sie ähnlich wie ein Dutch Oven (s. S. 8) eingebrannt werden, allerdings reicht hier eine Einbrenndauer von rund 15 Minuten. Nach einer Aufheizphase von 8–10 Minuten (je nach Modell) kann auf einer gebrauchsfertigen Plancha sofort losgegrillt werden.

3 Reine Planchas, vollflächige Grillplatten oder besonders dicke Feuerplatten brauchen je nach Befeuerungsart und Zieltemperatur eine längere Aufheizzeit. Eine Faustregel lautet, dass ein 1 cm starker Guss ca. 10 Minuten benötigt, um im vorgeheizten Grill auf die gewünschte Zieltemperatur zu kommen. Ist die Plancha fest im Grill platziert, achtet ihr einfach auf die Temperatur. Hat der Grill die gewünschte Zieltemperatur erreicht, setzt ihr die 10 Minuten zum Vorheizen eurer Feuerplatte einfach on top!

4 Die Grill- und Feuerplatten, die aus einer Legierung bestehen, sind meist pflegeleichter und müssen nicht extra behandelt oder eingepflegt werden (beachtet aber auch hier die Herstellerangaben). Die Vorzüge einer Plancha sind klar. Bei starker bis sehr starker/voller Hitze (220–290 °C +) erlaubt die Plancha ein schnelles und vollflächiges Grillen, das nicht nur für eine perfekte Kruste sorgt, sondern auch für die unkomplizierte Handhabung von kleinteiligem Grillgut. Ähnlich wie beim Dutch Oven speichern Platten aus Gusseisen oder porzellanemailliertem Gusseisen perfekt die Hitze. Das sorgt zum einen dafür, dass auch ohne Grilldeckel gegrillt werden kann, und sind die Platten richtig befeuert, wird die Hitze gleichmäßig verteilt und ebenso gut gespeichert, was wiederum ein früheres Abschalten des Grills ermöglicht und Ressourcen spart.

GRILLMODELLE FÜR DIE MOBILE PLANCHA

Es gibt verschiedene Ausführungen der mobilen Plancha und für jeden Grilltyp das passende Modell. Solltet ihr aber eine markenfremde Grillplatte verwenden wollen, die natürlich auf euren Grill passen muss, ist das selbstverständlich auch möglich. Wenn die Platte allerdings eine Aussparung zum Abtropfen des Fetts hat, sollte sie so auf dem Grill platziert werden, dass die Aussparung nicht auf die Hitzequelle im direkten Bereich gerichtet ist, um Flammenbildung oder Fettbrand unterhalb der mobilen Grillplatte zu vermeiden.

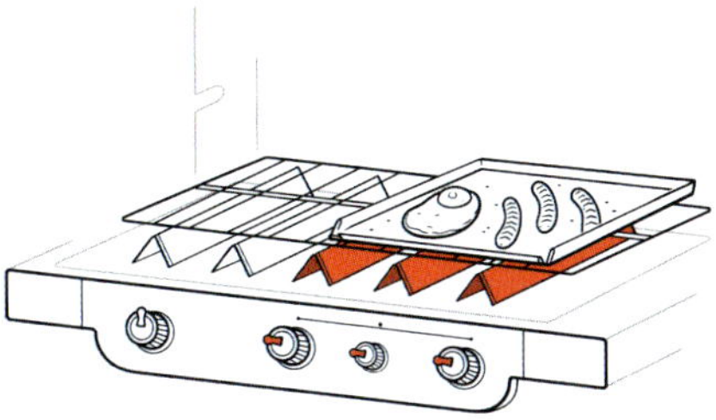

1 Kleine Plancha für den Gasgrill

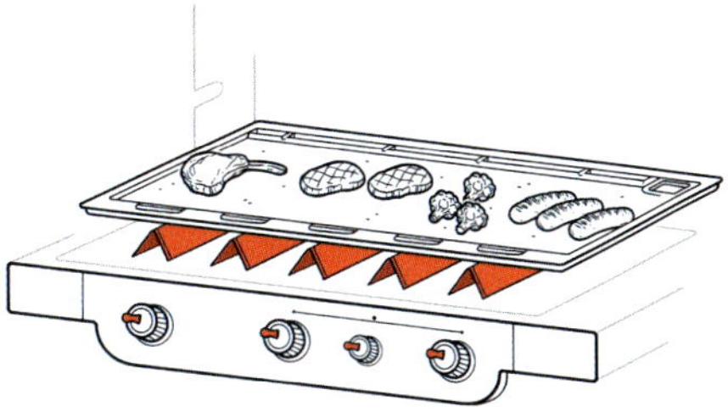

2 Große Plancha für den Gasgrill

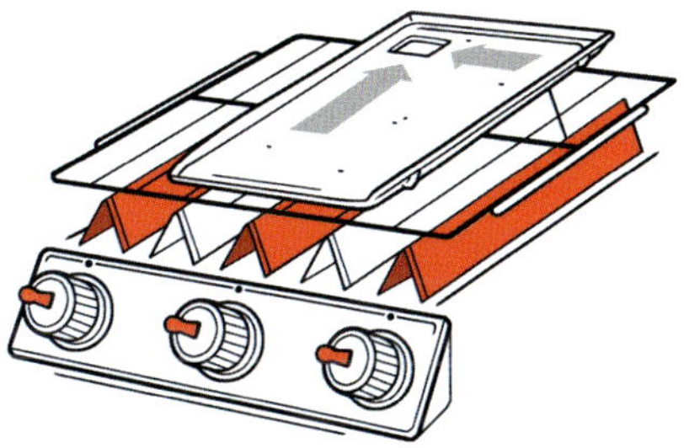

3 Plancha mit Fettablauf

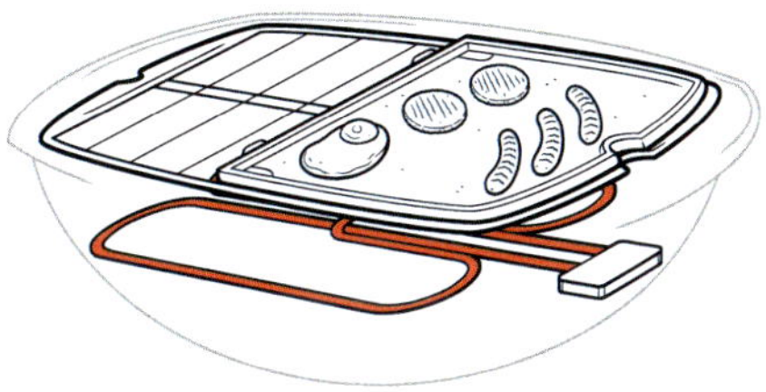

4 Plancha für den Elektrogrill

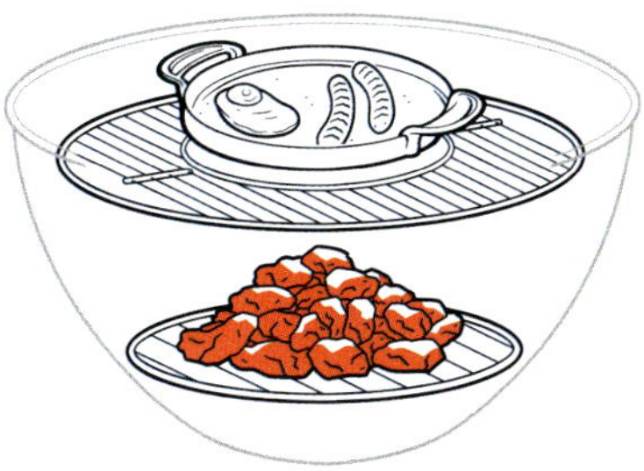

5 Grillplatte für den Holzkohlegrill

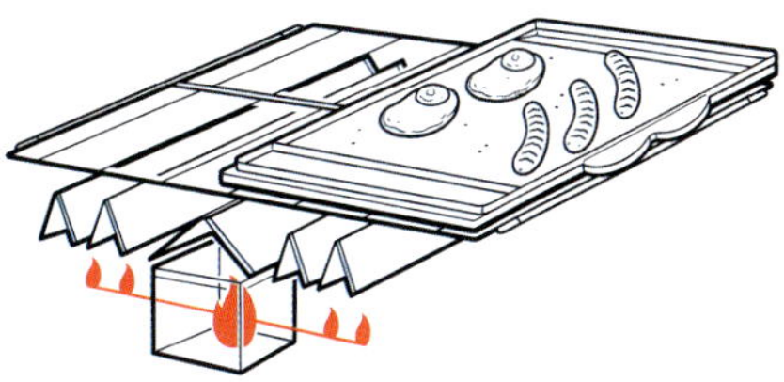

6 Plancha für den Pelletgrill

PLANCHA

AUF DIE TECHNIK KOMMT ES AN!

Eine mobile Plancha könnt ihr auf den unterschiedlichsten Grilltypen nutzen, am häufigsten kommt sie aber auf einem Gas- oder Elektrogrill zum Einsatz.

Damit ihr ohne Bedenken gleich loslegen könnt, sollte der Grill windgeschützt und trocken aufgestellt sowie auf die gewünschte Zieltemperatur gebracht sein, anschließend wird die Plancha (je nach Modell) 8–10 Minuten vorgeheizt. Im Folgenden noch eine kurze Auffrischung zum Thema Grilltechniken:

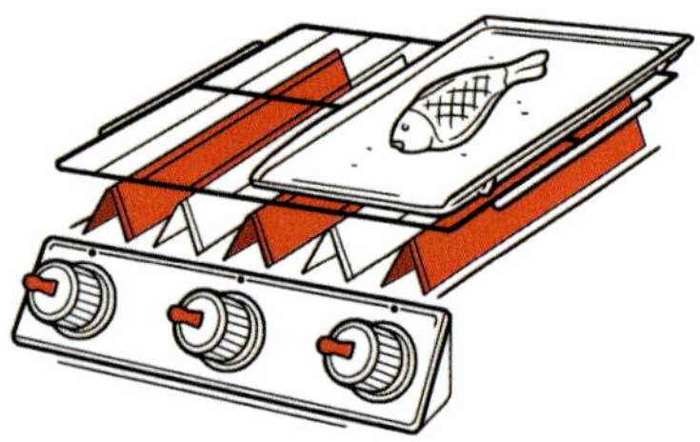

Direkte Hitze: Bedeutet direkte Hitze unter der mobilen Plancha. Die Plancha wird im Grillrost eingesetzt oder auf den Rost gelegt. Alle Brenner sind an, und die Plancha wird 8 bis 10 Minuten bei geschlossenem Grilldeckel vorgeheizt.

Diese Technik dient zum Kurzgrillen von Fisch, Krusten- und Schalentieren, Fleisch, Gemüse, Desserts.

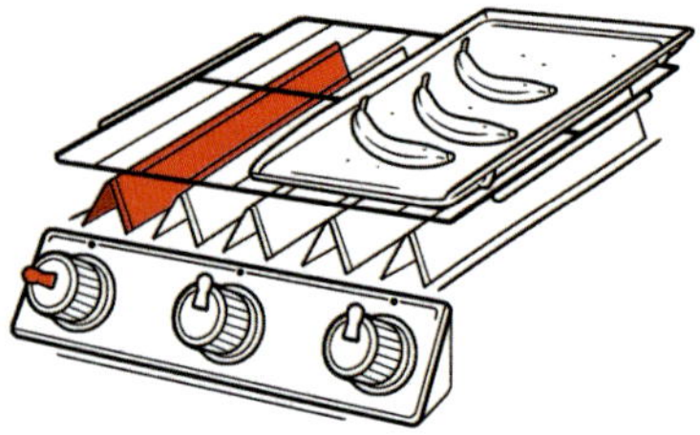

Indirekte Hitze: Bedeutet, dass die Plancha seitlich neben dem eingeschalteten Brenner liegt. Nach dem Vorheizen lässt man nur einen Brenner an. Gegebenenfalls wird der zweite Brenner mittig auf kleiner bis mittlerer Stufe dazugeschaltet.

Diese Technik dient zum Weitergrillen von Fisch, Krusten- und Schalentieren, Fleisch, festem Gemüse und Desserts, darüber hinaus zum Ausbacken von Teiglingen, Pancakes, festem und faserigem Obst sowie zum Garen in der Salzkruste.

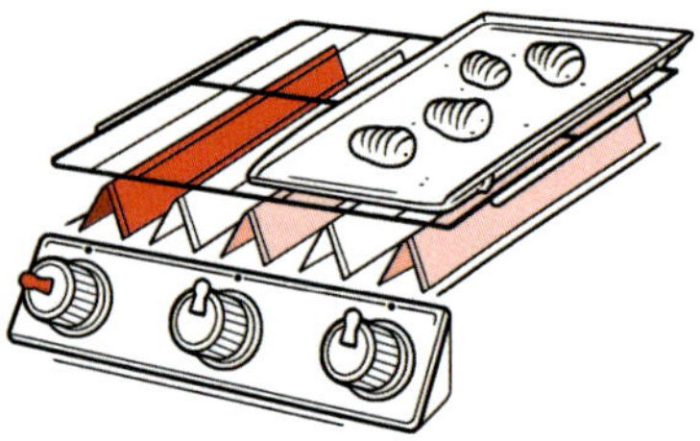

Kombinierte Hitze: Bedeutet, dass das Grillgut zunächst über direkter Hitze gegrillt wird. Aufgrund der sehr guten Leitfähigkeit der meisten mobilen Planchas können zum Weitergrillen bestimmte Bereiche abgestellt oder auf niedrigere Stufe eingestellt werden. Sollte diese Regulierung bei einem Grilltyp nicht ohne Weiteres möglich sein, muss die Plancha entsprechend umplatziert werden.

Diese Technik ist besonders gut geeignet, wenn das Grillgut größer ist (ganzes Gemüse, Kartoffeln, große Bratenstücke usw.) oder nach dem Angrillen noch länger bis zur gewünschten Kerntemperatur weitergegrillt werden muss.

WEBER'S DUTCH OVEN UND PLANCHA REINIGEN

Die Reinigung der beiden Tools ist denkbar einfach. Mit warmem Wasser säubern und nach Bedarf einweichen. Starke Verkrustungen mit einem Spachtel beziehungsweise einer Reinigungsbürste entfernen, ausspülen und abtrocknen.

Sollten die Verkrustungen, zum Beispiel auf einer Edelstahl-Plancha, zu stark angebrannt sein, könnt ihr auch auf entsprechende Reiniger zurückgreifen (Herstellerangaben beachten!). Grill- oder Backofenreiniger sollten bei gusseisernen Planchas und einem gusseisernen Dutch Oven nicht benutzt werden. Ein Einweichen in warmem Wasser ist völlig ausreichend. Nach der Reinigung können die Tools je nach Verwendung wieder eingebrannt werden, damit bei der nächsten Grillsession nichts daran kleben bleibt.

1 Sollten nach dem Grillen doch einmal Speisereste anhaften, könnt ihr sie mit einem Reinigungsspachtel entfernen. Den Dutch Oven oder die Plancha lasst ihr davor abkühlen.

2 Anschließend wird die Plancha oder der Dutch Oven einfach mit warmem Wasser abgespült. Reinigungs- oder Spülmittel sind dabei nicht notwendig.

3 Zum Schluss wird die Plancha oder der Dutch Oven mit einem weichen (Geschirr-)Tuch gründlich trocken gerieben.

PFLEGE & AUFBEWAHRUNG

Die Verwendung von Grillbürsten zur Entfernung von Rost ist bei reinen Guss-Tools unproblematisch, bei einer Plancha oder einem Dutch Oven mit Porzellanemaillierung kann jedoch die Legierung beschädigt werden. Materialien aus reinem Gusseisen sollten nach der Reinigung innen und außen mit Speiseöl oder -fett eingerieben werden, damit kein Flugrost entsteht. Sollte sich der doch einmal gebildet haben, einfach die Tools erneut einbrennen und einpflegen.

Die Aufbewahrung der Tools ist einfach. Wenn ihr sie übereinanderstapelt, solltet ihr ein Stück Karton, eine doppelte Lage Küchenpapier, ein Handtuch oder Ähnliches verwenden, um Abplatzungen bei legiertem Material zu vermeiden. Lagert die Plancha und den Dutch Oven zudem so, dass sie nicht vollständig abgedeckt und luftdicht verschlossen sind. Ist der Dutch Oven oder die gusseiserne Plancha nach der Reinigung mit Wasser noch nicht vollständig trocken, könnte sich trotz des Einpflegens mit Speiseöl oder -fett Flugrost entwickeln.

TOOLS ZUM GRILLEN MIT DUTCH OVEN & PLANCHA

Mit dem richtigen Equipment holt ihr mit Dutch Oven und Plancha das Maximum an Zubereitungsmöglichkeiten heraus.

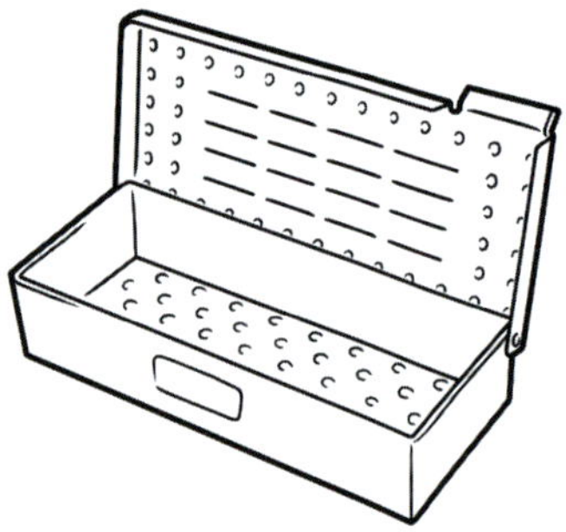

RÄUCHERBOX FÜR DEN GASGRILL

Verleiht dem Grillgut ein wunderbares Raucharoma. Die Räucherbox mit Holzchips eurer Wahl füllen und der Anleitung zum Räuchern im Gasgrill folgen (eine kleine Auffrischung gibt es auf S. 13). Während das Grillgut gart, könnt ihr ganz einfach weitere Chips nachlegen.

REINIGUNGSSPACHTEL

Mit dem Reinigungsspachtel aus Kunststoff könnt ihr anhaftende Speisereste von der Plancha oder im Dutch Oven kinderleicht entfernen. Aber auch Fettablagerungen im Inneren des Grills lassen sich damit beseitigen. Der Reinigungsspachtel ist spülmaschinenfest.

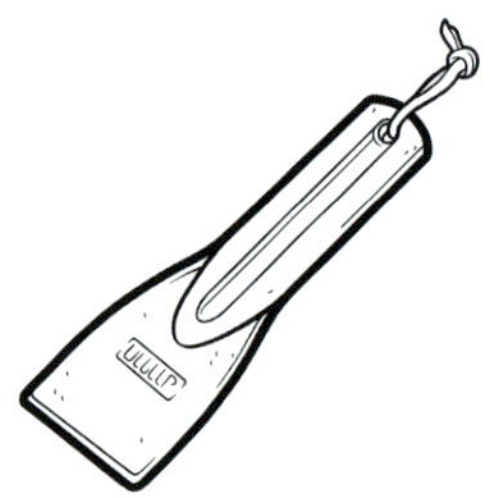

HOLZKOHLEKÖRBE CHAR-BASKETS

Mit den Holzkohlekörben könnt ihr entzündete Holzkohle oder Briketts mühelos gleichmäßig auf dem Holzkohlerost verteilen, um beispielsweise die ideale indirekte oder kombinierte Hitze zu erzeugen. Schüttet den Brennstoff einfach aus dem Anzündkamin in die Char-Baskets und legt los. Mit den Körben kann man außerdem sekundenschnell zwischen verschiedenen Grilltechniken hin und her wechseln.

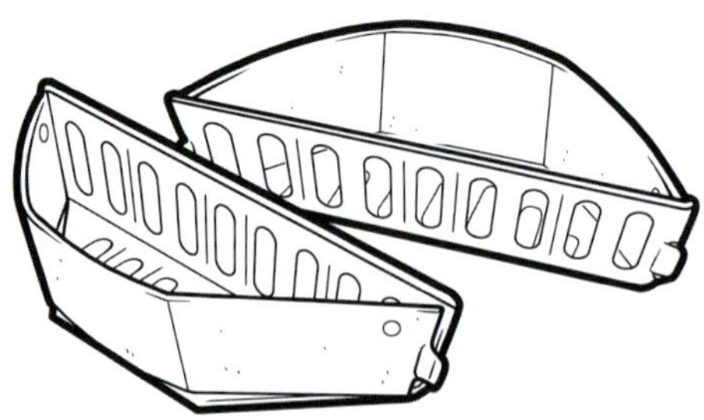

PREMIUM-ABDECKHAUBE

Mit der passenden Abdeckhaube schützt ihr euren Grill nicht nur vor Regen, Nässe und anderen Wettereinflüssen, sondern auch vor Staub und Schmutz. Sie besteht aus atmungsaktivem, wasserdichtem sowie schmutzabweisendem Polyester, und dank der Klettbänder kann sie nicht weggeweht werden.

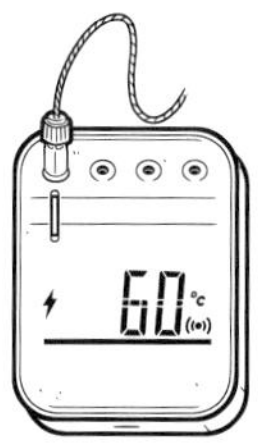

WEBER CONNECT SMART GRILLING HUB

Das digitale Thermometer mit Schritt-für-Schritt-Anleitung zum Grillen sendet Benachrichtigungen direkt auf euer Smartphone – vom Garstufen-Countdown bis zur Information, dass es Zeit zum Wenden oder Servieren ist. Eine „Geheimzutat“, mit der ihr euren Gästen perfekt gegrillte Speisen servieren könnt.

REINIGUNGSBÜRSTE FÜR DEN ROST

Ein sauberer Rost ist wichtig für den Grillerfolg. Zum Reinigen der Streben braucht ihr eine stabile, langstielige Bürste mit unlösbar verankerten Edelstahlborsten. Für kleinere stark verschmutzte Stellen gibt es passende kleine Bürsten.

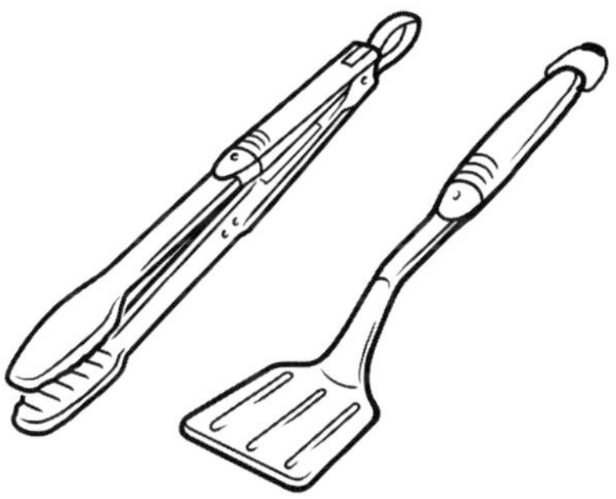

GRILLZANGE & GRILLWENDER

Mit einer langstieligen und stabilen Zange mit Federmechanik könnt ihr euer Grillgut nicht nur präzise greifen und z. B. auf der Plancha bewegen, sondern sie schützt auch eure Hände und Unterarme vor Hitze. Ideal ist eine Zange für rohe Zutaten und eine für das fertige Grillgut. Ebenso unerlässlich beim Grillen ist ein Grillwender, mit dem ihr etwa Pattys oder Fischfilets wenden oder auch anderes Grillgut einfach von der Plancha oder vom Rost heben könnt. Er sollte einen langen Griff mit leichtem Knick haben, damit die Hebefläche tiefer liegt.

GRILLHANDSCHUHE

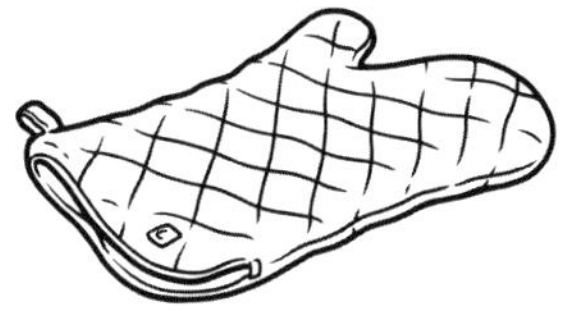

Sind beim Grillen besonders wichtig zum Schutz eurer Hände und Unterarme. Die Grillhandschuhe sollten dick und lang sein und eine hitzebeständige Isolierung haben.

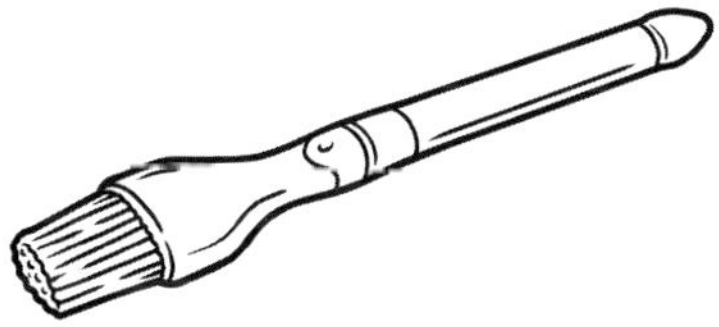

PINSEL

Wenn ihr euer Grillgut mit Marinaden, Saucen & Co. bestreichen möchtet, kommt ihr nicht ohne Pinsel aus. Er sollte am besten Silikonborsten und einen langen Griff haben.

HOT & SPICY

WÜRZMISCHUNGEN

Ob als Rub, Gewürzmarinade oder zum direkten Würzen, diese Mischungen sorgen für perfekten Grillgenuss.

1

WOODBERRY-WÜRZMISCHUNG **FÜR 1 KG GRILLGUT**

vegan

2 EL schwarze Pfefferkörner, 1 TL Wacholderbeeren, 1 Sternanis, ½ TL Zimtpulver, ½ TL Knoblauchpulver, 1 EL grobes Meersalz

Die Gewürze im Mörser fein zermahlen. Geeignet für Rind- und Schweinefleisch, dunkles Geflügel, Wild sowie Beten und Rüben.

2

PEPPER MILL-WÜRZMISCHUNG **FÜR 1 KG GRILLGUT**

vegan

1 EL schwarzer Pfeffer, 1 EL Fenchelsamen, 1 TL Korianderkörner, 1 TL Senfkörner, 1 TL Meersalz

Die Gewürze im Mörser fein zermahlen. Geeignet für Rind- und Schweinefleisch, festen Fisch, Geflügel und Gemüse.

3

TAWJIH TURAB-WÜRZMISCHUNG **FÜR 1 KG GRILLGUT**

vegan

½ TL Chiliflocken, 1 TL Schwarzkümmelsamen, ½ TL Fenchelsamen, ½ TL Korianderkörner, 1 EL Meersalz, 1 EL edelsüßes Paprikapulver, 1 TL rosenscharfes Paprikapulver

Die Gewürze im Mörser fein zermahlen. Geeignet für Rind- und Schweinefleisch, festen Fisch, Geflügel, Gemüse, Pilze und Salat.

4

RED DUTY-WÜRZMISCHUNG **FÜR 1 KG GRILLGUT**

vegan

1 TL Korianderkörner, 1 TL Fenchelsamen, 2 EL grobes Meersalz, 1 EL edelsüßes Paprikapulver, 1 TL rosenscharfes Paprikapulver

Die Gewürze im Mörser fein zermahlen. Geeignet für Rind- und Schweinefleisch, Geflügel, Wild, Lamm und Gemüse.

5

DIRTY DUST-WÜRZMISCHUNG **FÜR 1 KG GRILLGUT**

vegan

1½ TL Meersalz, ½ TL brauner Zucker, 1 TL schwarze Pfefferkörner, 1 TL Senfkörner, ½ TL Knoblauchpulver, 8 Kaffeebohnen

Die Gewürze mit den Kaffeebohnen im Mörser fein zermahlen. Geeignet für dunkles Fleisch, Steaks, Fleischspieße und Wurzelgemüse.

6

ORYA-WÜRZMISCHUNG **FÜR 1 KG GRILLGUT**

vegan

½ Sternanis, 1 EL Korianderkörner, 1 TL Zitronenpfeffer, 1 EL Currypulver, 1 TL Zwiebelpulver, 1 EL brauner Zucker, 1 TL Meersalz

Die Gewürze im Mörser fein zermahlen. Geeignet für Geflügel, Fisch, Gemüse und helles Fleisch.

VIELSEITIG

WÜRZPASTEN

Mit der Extraportion Genuss kann das Grillgut nicht nur eingepinselt, sondern auch mariniert werden.

1 EVER RED-WÜRZPASTE FÜR 1 KG GRILLGUT

vegan

100 g in Öl eingelegte getrocknete Tomaten; 1 TL Schwarzkümmel; 2 Knoblauchzehen, geschält; ½ TL Meersalz; 1 rote Peperoni, gewürfelt; 1 EL Tomatenmark; 1 EL Ketchup

Alle Zutaten in der Küchenmaschine zu einer feinen Gewürzpaste verarbeiten. Geeignet für Rind, Schwein, Kalb, dunkles Geflügel, kräftigen Fisch, Tofu und Seitan.

2 INDIAN BUTTER CHICKEN-WÜRZPASTE FÜR 1 KG GRILLGUT

vegan

1 rote Peperoni, gewürfelt; 1 walnussgroßes Stück Ingwer, gehobelt; 4 Knoblauchzehen, geschält; 100 ml ungesüßte Kokosmilch; 1 TL Tomatenmark; 25 g Cashewkerne; ½ TL gemahlener Koriander; ½ TL gemahlene Kurkuma; ½ TL Meersalz

Alle Zutaten in der Küchenmaschine zu einer feinen Gewürzpaste verarbeiten. Geeignet für Geflügel, Rind, Schwein, Kalb, Krustentiere, Tofu und Tempeh.

3 YAM PAK-WÜRZSAUCE FÜR 1 KG GRILLGUT

1 rote Peperoni, fein gewürfelt; 2 Stangen Zitronengras, fein gehackt; 1 walnussgroßes Stück Ingwer, fein gehobelt; 75 ml Fischsauce; Saft von 2 Limetten; 1 EL Palmzucker

Alle Zutaten miteinander verrühren. Geeignet für Fisch, Gemüse, Salat, helles Geflügel, Kalb und Schwein.

4 PÖKELLAKE FÜR 1 KG GRILLGUT

vegan

80 g Meersalz; 4 Knoblauchzehen, geschält und angedrückt; 25 g mediterrane Kräuter (Rosmarin, Thymian, Lorbeer, Salbei); 1 TL schwarze Pfefferkörner; 1 TL Wacholderbeeren

Für die 8 %ige-Pökellake das Meersalz mit 1 l Wasser verrühren und die übrigen Zutaten einrühren. Geeignet für Fisch, Geflügel und Schwein.

5 BEEF CHIPOTLE-PASTE FÜR 1 KG GRILLGUT

3 EL eingelegte Jalapeños (Glas), abgetropft; 2 Knoblauchzehen, geschält; 1 TL Tomatenmark; 1 TL geräuchertes Paprikapulver; 1 EL BBQ-Sauce; 4 EL Mayonnaise; Meersalz

Die Zutaten außer dem Meersalz in der Küchenmaschine zu einer feinen Gewürzpaste verarbeiten, anschließend mit Meersalz abschmecken. Geeignet für Rind, Schwein, Kalb, dunkles Geflügel, Seitan, Tempeh und Tofu.

HELLWACH

WEBER'S FLAMED SUNRISE

Wenn der Grill schon morgens zum Hotspot im Garten wird, dann ist Frühstücken angesagt!

1 CHEESY DOISSANTS FÜR 4 PERSONEN

vegetarisch

2 Eigelb (M) verquirlen. 1 Rolle Blätterteig auf der mit Mehl bestreuten Arbeitsfläche zu doppelter Größe ausrollen, mit Eigelb einpinseln und mit 50 g geriebenem Cheddar bestreuen. Danach einmal einschlagen, erneut ausrollen, mit Eigelb bepinseln und wieder mit 50 g Cheddar bestreuen. Den Teig abermals einschlagen, mit dem restlichen Eigelb bestreichen und mit 50 g Cheddar bestreuen. Danach den Teig mit einem 6 cm großen Garnierring ausstechen, die Mitte der ausgestochenen Teigkreise jeweils mit einem 1–2 cm großen Garnierring ausstechen. Die Doissants nebeneinander auf die mit Backpapier ausgelegte Plancha setzen und über indirekter mittlerer bis starker Hitze (180 bis 200 °C) bei geschlossenem Grilldeckel 8–10 Min. backen.

2 EISMEERSTULLE FÜR 4 PERSONEN

4 Scheiben Bauernbrot mit je 1 TL Butter bestreichen, mit der ungebutterten Seite nach unten auf die vorgeheizte Plancha legen und über indirekter mittlerer bis starker Hitze (180–200 °C) bei geschlossenem Grilldeckel 4–5 Min. grillen, dabei einmal wenden. 125 g Eismeergarnelen mit 4 EL fein gewürfelter Salatgurke, 1 EL fein gewürfelter Schalotte und 4 EL fein gewürfelten Tomaten vermengen und mit Meersalz und schwarzem Pfeffer aus der Mühle würzen. Den Garnelenmix auf den Stullen verteilen und mit Dill garnieren.

3 WEBER'S EPP FÜR 4 PERSONEN

12 Scheiben Frühstücksspeck auf der vorgeheizten Plancha verteilen und über indirekter mittlerer bis starker Hitze (180–200 °C) bei geschlossenem Grilldeckel 3–4 Min. grillen, dabei einmal wenden. Den Speck mit klein gewürfelten Brotscheiben sowie 2 in Ringe geschnittenen roten Spitzpaprikas bestreuen und bei geschlossenem Grilldeckel 3–4 Min. weitergrillen. Danach 4 Eier (M) darüber aufschlagen und auf Sicht zu Spiegeleiern braten. Zum Servieren mit Meersalz und schwarzem Pfeffer aus der Mühle würzen und mit 1 EL fein gehackter Petersilie bestreuen.

4 BROIL CAKES FÜR 4 PERSONEN

Den Grill für indirekte mittlere bis starke Hitze (180–200 °C) vorbereiten und die Plancha bei geschlossenem Grilldeckel 6–8 Min. vorheizen. 1 EL Öl auf die vorgeheizte Plancha gießen und darauf 200 g Rinderhackfleisch bei geschlossenem Grilldeckel 4–5 Min. braten. Danach das Fleisch mit 1 fein gewürfelten Zwiebel, 1 fein gewürfelten grünen Paprikaschote sowie 1 TL edelsüßem Paprikapulver bestreuen und mit Meersalz würzen. Die Zutaten kurz mitgrillen, danach auf der Plancha in 4 Portionen teilen und jede Portion nacheinander mit 1 verquirlten Ei übergießen. Die Broil Cakes bei geschlossenem Grilldeckel weitere 1–2 Min. grillen, dabei einmal wenden und mit 1 EL fein gehackter Petersilie toppen.

HELLWACH

WEBER'S FLAMED SUNRISE

1 LACHS-CROISSANTS FÜR 4–6 PERSONEN

1 Rolle Croissant-Teig (Kühlregal) abrollen und den Teig in Dreiecke trennen. Mit der breiten Seite nach unten nebeneinander auflegen. Die Teigdreiecke mit je 1 EL Schmand, 1 EL fein geschnittenen Frühlingszwiebeln und 1 Scheibe Räucherlachs belegen und von unten zur Spitze hin aufrollen. Die gefüllten Croissants auf der vorgeheizten Plancha über direkter mittlerer bis starker Hitze (180–200 °C) bei geschlossenem Deckel 6–8 Min. backen, dabei einmal wenden.

2 CAMEMBERT-BUBBLES FÜR 4–6 PERSONEN

vegetarisch

1 Rolle Frühstücksbrötchen (Kühlregal) öffnen, die Teigstücke voneinander trennen und anschließend vierteln. 200 g Camembert würfeln. Die Camembertwürfel mit den geviertelten Teigstücken locker vermengen, in 4–6 Portionen teilen und auf der vorgeheizten Plancha über indirekter mittlerer bis starker Hitze (180–200 °C) bei geschlossenem Grilldeckel 6–8 Min. grillen, dabei einmal wenden und mit je 1–2 EL Himbeeren sowie je ½ TL Schnittlauchröllchen bestreuen.

3 HASHTAG BREAKFAST FÜR 4–6 PERSONEN

Den Grill für indirekte mittlere bis starke Hitze (180–200 °C) vorbereiten und die Plancha bei geschlossenem Grilldeckel 6–8 Min. vorheizen. 1 EL Öl und 80 g Speckwürfel auf die vorgeheizte Plancha geben und bei geschlossenem Grilldeckel 3–4 Min. grillen. 1 fein gewürfelte Zwiebel dazugeben und glasig anschwitzen. 400 g grob geriebene festkochende Kartoffeln auf der Plancha verteilen, mit Speck und Zwiebeln vermengen und in 8 gleich große Portionen teilen. 4 Eier (M) verquirlen. Die Kartoffelportionen bei geschlossenem Grilldeckel 6–8 Min. grillen, dabei einmal wenden und gleichmäßig mit verquirltem Ei übergießen. Bei geschlossenem Grilldeckel fertig grillen. Zum Servieren nach Belieben mit Rucola toppen.

4 BREAD DOGS FÜR 4 PERSONEN

1 Scheibe Bauernbrot in der Küchenmaschine zu feinen Bröseln verarbeiten. 4 Wiener Würstchen panieren. Dafür die Würstchen zuerst in 1–2 EL Mehl, dann in 1–2 verquirlten Eiern (M) und zuletzt in den Brotbröseln wenden. 1–2 EL Öl auf die vorgeheizte Plancha gießen und darauf die Würstchen über direkter mittlerer bis starker Hitze (180–200 °C) auf Sicht 5–6 Min. grillen, dabei gelegentlich wenden. Nach Belieben in Stücke schneiden und mit Zahnstochern servieren.

DUTCH OVEN

WEBER'S ONE MORE

Brotbacklust? Tolle Ergebnisse gibt es mit dem Dutch Oven oder der Plancha (siehe Seite 30).

1 WATER BREAD

vegetarisch

Den Dutch Oven innen mit 2–3 EL Öl bis zum Rand einpinseln und mit 2–3 EL Weizenmehl (Type 405) ausstreuen. 1 Würfel frische Hefe (42 g) in 900 ml lauwarmes Wasser bröckeln und zusammen mit 15 g Honig so lange verrühren, bis sich Hefe und Honig vollständig aufgelöst haben. 600 g Weizenmehl (Type 405) in eine Rührschüssel sieben. 200 g entsteinte schwarze Oliven, 200 g in Öl eingelegte getrocknete Tomaten (abgetropft), 50 ml Tomatenöl (von den getrockneten Tomaten), 15 g Meersalz, je 2 EL fein gehackter Rosmarin und Thymian zusammen mit dem Hefewasser zum Mehl in die Rührschüssel geben und die Zutaten zu einem cremigen Teig rühren. Den Teig in den Dutch Oven gießen und abgedeckt 35–40 Min. bei Raumtemperatur gehen lassen. Inzwischen den Grill für indirekte mittlere bis starke Hitze (200–220 °C) vorbereiten. Den gegangenen Teig im Topf mit 50 ml Olivenöl übergießen, den Dutch Oven mit dem Deckel verschließen und das Brot bei geschlossenem Grilldeckel 40–45 Min. backen.

2 WEBER'S LANDBROT

vegan

15 g frische Hefe und 150 g Natursauerteig (Anstellgut) in 300 ml lauwarmem Wasser gründlich verrühren. 400 g Roggenmehl (Type 1150) mit 100 g Dinkelmehl (Type 1050) und 50 g Weizenmehl (Type 550) in die Rührschüssel sieben. 1 EL Fenchelsamen, 1 EL Kümmel, 12 g Meersalz, 35 ml Apfelessig sowie die Hefe-Sauerteig-Flüssigkeit hineingießen und die Zutaten in mehreren Minuten zu einem geschmeidigen Teig kneten. Danach den Teig abgedeckt 50–60 Min. bei Raumtemperatur gehen lassen. Inzwischen den Grill für indirekte mittlere bis starke Hitze (200–220 °C) vorbereiten. Den Dutch Oven innen mit 2–3 EL Öl bis zum Rand einpinseln und mit 2–3 EL Weizenmehl (Type 405) ausstreuen. Die Seiten des gegangenen Teigs auf der bemehlten Arbeitsfläche mehrfach mittig zusammenführen, anschließend den Teig mit dem Teigbruch nach oben in den Dutch Oven legen. Den Topf mit dem Deckel verschließen und das Landbrot bei geschlossenem Grilldeckel 45–50 Min. backen.

PLANCHA

WEBER'S ONE MORE

1 CHERRY FLAP

vegetarisch

½ Würfel frische Hefe (ca. 20 g) mit 40 g Zucker in 200 ml lauwarmer Vollmilch (mind. 3,5 % Fett) so lange verrühren, bis sich Hefe und Zucker vollständig aufgelöst haben. 450 g Weizenmehl (Type 550) in eine Rührschüssel sieben. 3 Eigelb (M), 25 g raumtemperierte Butter, 6 g Meersalz und die Hefemilch zufügen und die Zutaten in mehreren Minuten zu einem geschmeidigen Teig kneten. Den Teig abgedeckt 45 bis 50 Min. bei Raumtemperatur gehen lassen. Inzwischen den Grill für indirekte mittlere Hitze (160–180 °C) vorbereiten und die Plancha bei geschlossenem Grilldeckel 8 bis 10 Min. vorheizen. Den Teig auf der bemehlten Arbeitsfläche auf eine Größe von etwa 30 × 40 cm und max. 1 cm dick ausrollen und mit 150 g Kirschkonfitüre bestreichen. Den Teig zur Hälfte einschlagen, mit 50 g Kirschkonfitüre einstreichen und erneut einschlagen. Den Cherry Flap mittig auf die vorgeheizte Plancha legen und bei geschlossenem Grilldeckel 25–30 Min. backen, dabei einmal wenden.

2 BAKED BREANS

vegetarisch

240 g abgetropfte schwarze Bohnen (alternativ Kidneybohnen) in der Küchenmaschine zerkleinern. ½ Würfel frische Hefe (ca. 20 g) in 200 ml lauwarmem Rote-Bete-Saft bröckeln und zusammen mit 2 EL Honig so lange verrühren, bis sich Hefe und Honig vollständig aufgelöst haben. 450 g Weizenmehl (Type 405) in eine Rührschüssel sieben. 1 EL Schwarzkümmel, 35 ml Aceto balsamico, 8 g Meersalz, die zerkleinerten Bohnen sowie den Hefe-Rote-Bete-Saft zum Mehl geben und die Zutaten zu einem geschmeidigen Teig kneten. Den Teig abgedeckt 45–50 Min. bei Raumtemperatur gehen lassen. Inzwischen den Grill für indirekte mittlere bis starke Hitze (200–220 °C) vorbereiten. Die Plancha mit Mehl bestreuen. Den gegangenen Teig durchkneten, zu einem 30 cm langen und ca. 12 cm breiten Fladen formen und der Länge nach halbieren. Die Teigstränge in ca. 40 g schwere Portionen teilen, nebeneinander auf der Plancha verteilen und bei geschlossenem Grilldeckel 20–25 Min. backen.

weber
weber

FIRED UP!

FEUERTOPF

Voller Einsatz für den Feuertopf! Hier wird zum Teil über Stunden geschmurgelt und gebrutzelt, gegrillt und geräuchert und klassisches BBQ kurzerhand in den Dutch Oven verlegt. Freut euch auf absolut gelingsichere Rezepte, fantastische Ergebnisse und die eine oder andere kulinarische Showeinlage.

SERVIETTEN-SALZBRATEN

Große Show, herrlicher Geschmack – und das Beste dabei: Ihr habt jede Menge Zeit für eure Gäste, denn der Braten gart in seinem Salzbett ganz allein seiner Vollendung entgegen.

FÜR 6–8 PERSONEN

1 Schweinenacken ohne Knochen (2,2–2,5 kg)
3–4 EL Olivenöl
2–3 × Woodberry-Würzmischung (s. S. 21)
100 g mediterrane Kräuter (z. B. Rosmarin, Thymian, Lorbeerblätter)
3 kg grobes Meersalz
2 EL Speisestärke

ZUBEHÖR

Backpapier
sauberes Baumwolltuch (ca. 45 × 45 cm)
Weber's Dutch Oven

VORBEREITUNG
10–15 Min. zubereiten

GRILLZEIT
1 Std. 45 Min.–2 Std. 15 Min.

GRILLMETHODE
indirekte Hitze

RUHEZEIT
10–15 Min.

1 Den Grill für indirekte starke Hitze (220–240 °C) vorbereiten (Holzkohlegrill s. S. 10, Gasgrill s. S. 12).

2 Das Fleisch trocken tupfen und rundherum mit Olivenöl einreiben. Mit Backpapier abgedeckt 10–15 Min. Raumtemperatur annehmen lassen. Die Woodberry-Würzmischung zubereiten. Die Kräuter verlesen, kalt abbrausen und trocken schütteln.

3 Das Baumwolltuch in klarem Wasser durchwaschen, anschließend kräftig auswringen. Das Fleisch rundherum mit der Würzmischung bestreuen und die Gewürze 2–3 Min. einmassieren. Die Hälfte der Kräuter mittig und in der Größe des Bratens auf das Baumwolltuch geben. Das Fleisch auf das Kräuterbett legen und die restlichen Kräuter darauf verteilen. Die Seiten des Tuchs einschlagen und den Braten einrollen.

4 Das Meersalz in eine ausreichend große Schüssel geben und mit 200 ml Wasser und der Speisestärke mehrere Minuten vermengen. Den Boden des Dutch Oven mit Backpapier auslegen, ein Drittel des Meersalzes auf dem Topfboden verteilen und darauf den ins Tuch eingerollten Braten setzen.

5 Das übrige Meersalz so auf dem Braten verteilen, dass er möglichst vollständig von Salz umschlossen ist. Den Braten im offenen Dutch Oven über indirekter Hitze und bei geschlossenem Grilldeckel 1 Std. 45 Min.–2 Std. 15 Min. garen (Kerntemperatur 85–86 °C).

6 Den Dutch Oven vom Grill nehmen und den Braten im Topf 10–15 Min. ruhen lassen. Zum Servieren die obere Salzschicht aufbrechen (am besten mit einem Messerrücken daraufklopfen), das Tuch aufschneiden und den Braten herausnehmen.

3

3

5

ASIA CONTINENTAL POT

Die asiatisch-orientalische Grillküche lebt von Gewürzen, unzähligen Aromen und jeder Menge Zutaten. Plant beim Einkaufen einfach etwas mehr Zeit ein.

FÜR 4–6 PERSONEN

1 × Orya-Würzmischung (s. S. 21)
1 Maishähnchen (1–1,2 kg), küchenfertig vorbereitet
Meersalz
3–4 EL Erdnussöl
4 Stangen Zitronengras
4 Kaffir-Limettenblätter
1,2 l heiße Geflügelbrühe
400 ml ungesüßte Kokosmilch
4 Frühlingszwiebeln
200 g Champignons
4 Knoblauchzehen
1 rote Peperoni
1 kleiner Brokkoli (ca. 400 g)
2 Pak Choi
1 Mango, geschält, das Fruchtfleisch klein gewürfelt
3–4 EL Sojasauce
2 EL Fischsauce

ZUBEHÖR

Weber's Dutch Oven

VORBEREITUNG
20–25 Min. zubereiten

GRILLZEIT
ca. 1 Std.

GRILLMETHODE
direkte/indirekte Hitze

1 Den Grill für direkte starke Hitze (220–240 °C) vorbereiten (Holzkohlegrill s. S. 10, Gasgrill s. S. 12). Die Orya-Würzmischung zubereiten. Das Hähnchen trocken tupfen, Keulen abschneiden, Oberschenkel von den Unterschenkeln trennen.

2 Die Flügel abschneiden. Brustfleisch von der Karkasse lösen und in 3 gleich große Stücke schneiden. Die Karkasse in 3–4 Stücke teilen. Hähnchenteile mit Meersalz würzen. Das Erdnussöl in den Dutch Oven gießen, Hähnchenteile mit der Hautseite nach unten hineinlegen und im offenen Topf bei geschlossenem Grilldeckel 5–6 Min. kräftig anbraten, dabei einmal wenden.

3 Hähnchenteile herausnehmen und beiseitelegen. Karkassen in den Topf geben und bei geschlossenem Grilldeckel 5–6 Min. kräftig anrösten. Würzmischung, Zitronengras, Limettenblätter und heiße Geflügelbrühe dazugeben, mit der Kokosmilch auffüllen. Den Grill für indirekte mittlere bis starke Hitze (180 bis 190 °C) vorbereiten. Den Dutch Oven verschließen, die Zutaten bei geschlossenem Grilldeckel 25–30 Min. köcheln lassen.

4 Frühlingszwiebeln putzen, in feine Ringe schneiden, den grünen Teil beiseitelegen. Champignons säubern und in Scheiben schneiden. Knoblauch schälen und pressen. Peperoni putzen und samt Kernen in Ringe scheiden. Brokkoli putzen, in Röschen zerteilen. Pak Choi putzen und vierteln.

5 Den Dutch Oven-Deckel entfernen und die Karkassen herausnehmen. Hähnchenteile in den Topf geben und im verschlossenen Topf bei geschlossenem Grilldeckel 25–30 Min. köcheln lassen. 10–15 Min. vor Grillzeitende sämtliches Gemüse bis auf die grünen Frühlingszwiebelringe zugeben und im verschlossenen Topf bei geschlossenem Grilldeckel mitgaren.

6 Zum Servieren den Eintopf mit Mangowürfeln, Soja- und Fischsauce sowie Meersalz verfeinern und mit den grünen Frühlingszwiebelringen toppen.

CRUNCHY ROAST

Das Geheimnis einer schönen Kruste liegt darin, der Schwarte ordentlich Wasser zu entziehen. Dazu nach dem Einschneiden die Schwarte mit einer 5 mm dicken Salzschicht einreiben und den Braten 12 Stunden im Kühlschrank lagern. Danach kalt abspülen, gut trocknen und zubereiten. Eine Pökellake findet ihr auf Seite 23.

FÜR 4–6 PERSONEN

1 Schweinekrustenbraten aus der Keule mit deutlicher Fettauflage und Schwarte (1,5–1,7 kg), gepökelt (s. Tipp)
Meersalz
3–4 EL Öl
800 ml heiße Geflügel- oder Kalbsbrühe
4 Süßkartoffeln
8 Zwiebeln
½ Bund Schnittlauch
2 EL Crème fraîche
schwarzer Pfeffer aus der Mühle

ZUBEHÖR

Backpapier
Weber's Dutch Oven

VORBEREITUNG
10–15 Min. zubereiten

GRILLZEIT
1 Std. 10 Min–1 Std. 25 Min.

GRILLMETHODE
direkte/indirekte Hitze

RUHEZEIT
5–8 Min.

1 Den Grill für direkte/indirekte mittlere bis starke Hitze (220 bis 240 °C) vorbereiten (Holzkohlegrill s. S. 10, Gasgrill s. S. 12).

2 Den Braten trocken tupfen. Die Schwarte mit einem scharfen Messer im Abstand von je 1 cm kreuzweise einschneiden. Das Fleisch rundherum mit Meersalz würzen und die Schwarte kräftig mit Meersalz einreiben. Mit Backpapier abdecken und 10 bis 15 Min. Raumtemperatur annehmen lassen.

3 Den Braten erneut trocken tupfen. Das Öl in den Dutch Oven gießen, das Fleisch mit der Schwartenseite nach unten hineinlegen und über direkter Hitze bei geschlossenem Grilldeckel 8–10 Min. anbraten, dabei einmal wenden. Den Grill für indirekte mittlere bis starke Hitze (180–190 °C) vorbereiten. Den Braten mit der heißen Brühe ablöschen und im offenen Topf über indirekter Hitze bei geschlossenem Grilldeckel 1 Std. 10 Min.–1 Std. 25 Min. garen (Kerntemperatur 66 °C).

4 Inzwischen die Süßkartoffeln waschen und trocknen. In der indirekten Zone in ca. 1 Std. weich grillen. Die ungeschälten Zwiebeln ca. 30 Min. vor Grillzeitende ebenso mitgrillen. Den Schnittlauch in feine Röllchen schneiden.

5 Nach Ende der Grillzeit den Krustenbraten aus dem Dutch Oven nehmen und 5–8 Min. ruhen lassen. Die fertigen Süßkartoffeln leicht auskühlen lassen, schälen und in grobe Stücke schneiden. Die Zwiebeln vom Grill nehmen, leicht auskühlen lassen und schälen. Danach halbieren oder vierteln.

6 Die Zwiebeln zusammen mit den Süßkartoffeln auf einer großen Platte anrichten und mit Crème fraîche sowie Schnittlauch toppen. Mit Meersalz und schwarzem Pfeffer aus der Mühle würzen und gegebenenfalls mit dem restlichen Bratensaft übergießen. Zum Crunchy Roast servieren.

TIPP

Ihr spart jede Menge Zeit, wenn ihr einen bereits gepökelten Schweinekrustenbraten kauft. Dann nämlich hat das Salz der Fettauflage schon ordentlich Wasser entzogen, sodass die Kruste schön aufpoppt.

SMOKEY PULLED PORK

Im Dutch Oven verkürzt sich die Grillzeit dank der hohen Luftfeuchtigkeit um ein Drittel, ohne dass ihr auf den authentischen Geschmack verzichten müsstet. Ihr könnt 1 Stunde vor Grillzeitende auch noch Gemüse in dem köstlichen Sud mitgaren: Zwiebeln, Wurzelgemüse, Kohl, kleine Kartoffeln – One Pot Dutch Oven eben!

FÜR 6–8 PERSONEN

2 × Weber's Red Duty-Würzmischung (s. S. 21)
1 Schweinenacken ohne Knochen (1,8–2 kg), möglichst trocken gereift, pariert
2–3 EL Olivenöl
800 ml heiße Kalbsbrühe
25 ml Apfelessig
200 ml BBQ-Sauce
4 Laugen-Brioche-Buns
150 g Krautsalat (Kühlregal)

ZUBEHÖR

Backpapier/Butcher Paper
Weber's Dutch Oven
3–4 Handvoll Apfelholz-Räucherchips (mind. 30 Min. gewässert)

VORBEREITUNG
10–15 Min.
mind. 5–6 Std. marinieren (am besten über Nacht)

GRILLZEIT
4–4,5 Std.

GRILLMETHODE
indirekte Hitze

RUHEZEIT
25–30 Min.

1 Die Red Duty-Würzmischung zubereiten. Das Fleisch auf allen Seiten mit dem Olivenöl einreiben, mit der Würzmischung bestreuen und fest in Backpapier wickeln. Im Kühlschrank mind. 5–6 Std. marinieren (noch besser über Nacht).

2 Vor dem Grillen und Räuchern das Fleisch aus dem Kühlschrank nehmen und 30 Min. Raumtemperatur annehmen lassen. Den Grill für indirekte schwache bis mittlere Hitze (140–160 °C) vorbereiten (Holzkohlegrill s. S. 10, Gasgrill s. S. 12).

3 Das Fleisch aus dem Papier wickeln und mittig auf den Grillrost legen. Die Räucherchips auf der Glut verteilen oder in die Räucherbox des Gasgrills geben und den Schweinenacken bei geschlossenem Grilldeckel 35–40 Min. grillen und räuchern.

4 Den Grill für indirekte mittlere bis starke Hitze (190–210 °C) vorbereiten. Den Dutch Oven auf den Rost stellen, die heiße Brühe hineingießen, das Fleisch einlegen. Im verschlossenen Topf und bei geschlossenem Grilldeckel 3,5–4 Std. schmoren.

5 In dieser Zeit stündlich wenden und dabei jeweils mit Apfelessig einpinseln oder besprühen (Kerntemperatur 92–95 °C). Fleisch herausheben, in Butcher Paper einschlagen und z. B. in einer Isolierbox 25–30 Min. ruhen lassen und warm halten.

6 Zum Servieren die BBQ-Sauce mit dem übrigen Sud verrühren. Das Fleisch mit der Faser in Stücke zupfen und portionsweise mit der BBQ-Sauce vermengen. Die Brioche-Buns aufschneiden, mit den Schnittflächen nach unten auf den Grillrost legen und auf Sicht 2–3 Min. rösten. Die Böden jeweils mit Krautsalat und Smokey Pulled Pork belegen, mit BBQ-Sauce toppen und mit den Brioche-Deckeln abschließen.

1

3

4

CHEESY POT PIE

Unkompliziert lecker, so schmeckt unser Cheesy Pot Pie. Für eine extra cremige Note könnt ihr noch 150 g Frischkäse zwischen die Kartoffel- und Käseschicht einarbeiten, bevor ihr den Pot Pie fertig grillt.

VORBEREITUNG
15–20 Min. zubereiten

GRILLZEIT
ca. 1 Std. 15 Min.

GRILLMETHODE
direkte/indirekte Hitze

FÜR 6–8 PERSONEN

1 großer Kohlrabi mit schönem Blattgrün
je 1 gelbe, grüne und rote Paprikaschote
2 Zwiebeln
2 Knoblauchzehen
3–4 EL Öl
1 kg Rinderhackfleisch (am besten selbst oder vom Metzger frisch gewolft)
2 EL Tomatenmark
2 EL getrockneter Oregano
2 EL edelsüßes Paprikapulver
150 g entsteinte schwarze Oliven
800 ml heiße Rinderbrühe
800 g mittelgroße mehligkochende Kartoffeln
300 g geriebener Cheddar
Meersalz
schwarzer Pfeffer aus der Mühle

ZUBEHÖR

Weber's Dutch Oven
Kartoffelpresse

1 Den Grill für direkte mittlere bis starke Hitze (220–240 °C) vorbereiten (Holzkohlegrill s. S. 10, Gasgrill s. S. 12). Den Kohlrabi schälen. Das Blattgrün putzen, waschen, trocken schleudern, klein schneiden und bis zum Servieren beiseitelegen. Den Kohlrabi in 1 cm große Würfel schneiden.

2 Die Paprikaschoten putzen, waschen, entkernen und klein würfeln. Zwiebeln und Knoblauchzehen schälen und in dünne Spalten schneiden. Das Öl in den Dutch Oven gießen, den Topf über direkte Hitze stellen und das Hackfleisch darin bei geschlossenem Grilldeckel von allen Seiten mehrere Minuten kräftig anbraten, bis es goldbraun ist.

3 Das vorbereitete Gemüse und den Knoblauch zum Hackfleisch geben und bei geschlossenem Grilldeckel 3–5 Min. mitbraten. Den Grill für indirekte mittlere bis starke Hitze (180–190 °C) vorbereiten.

4 Tomatenmark, Oregano, Paprikapulver und die Oliven zugeben. Die heiße Brühe aufgießen und den Dutch Oven mit dem Deckel verschließen. Die Zutaten bei geschlossenem Grilldeckel 35–40 Min. garen. Inzwischen die Kartoffeln waschen, trocken reiben und in der indirekten Zone bei geschlossenem Grilldeckel weich grillen.

5 Die fertigen Kartoffeln vom Grill nehmen, leicht auskühlen lassen, schälen und durch die Kartoffelpresse drücken. Den Kartoffelschnee gleichmäßig auf der Hackfleisch-Mischung verteilen und mit dem geriebenen Cheddar toppen.

6 Den Cheesy Pot Pie im offenen Dutch Oven bei geschlossenem Grilldeckel 15–20 Min. überbacken. Zum Servieren mit dem Kohlrabi-Blattgrün bestreuen.

LEMON TWIST BABY BACK RIBS

Durch die hohe Luftfeuchtigkeit im Dutch Oven verkürzt sich die Grillzeit enorm, und auf diese Weise zubereitet, sind die Ribs absolut gelingsicher.

FÜR 4–6 PERSONEN

2–3 × Red Duty-Würzmischung (s. S. 21)
5–6 Kotelettrippchen (Leiterchen) vom Schwein (2,5–2,8 kg)
800 ml heiße Geflügel- oder Kalbsbrühe
4 Bio-Zitronen
4 EL Honig
Olivenöl zum Bestreichen

ZUBEHÖR

Backpapier/Butcher Paper
Weber's Dutch Oven
3–4 Handvoll Apfelholz-Räucherchips (mind. 30 Min. gewässert)

VORBEREITUNG
10–15 Min. zubereiten
mind. 30 Min. marinieren
(am besten über Nacht)

GRILLZEIT
2 Std. 35 Min.–3 Std. 10 Min.

GRILLMETHODE
indirekte Hitze

1 Die Red Duty-Würzmischung zubereiten. Die Silberhaut auf den Knochenseiten der Baby Back Ribs entfernen.

2 Die Ribs rundherum mit der Würzmischung bestreuen, fest in Backpapier wickeln und im Kühlschrank mind. 30 Min. marinieren (noch besser über Nacht).

3 Vor dem Grillen und Räuchern das Fleisch aus dem Kühlschrank nehmen und 10–15 Min. Raumtemperatur annehmen lassen. Inzwischen den Grill für indirekte schwache bis mittlere Hitze (140–160 °C) vorbereiten (Holzkohlegrill s. S. 10, Gasgrill s. S. 12).

4 Die Ribs aus dem Papier wickeln und mittig auf den Grillrost legen. Die gewässerten Räucherchips auf der Glut verteilen oder in die Räucherbox des Gasgrills geben und die Ribs bei geschlossenem Grilldeckel 35–40 Min. grillen und räuchern.

5 Den Grill für indirekte mittlere bis starke Hitze (190–210 °C) vorbereiten. Den Dutch Oven einsetzen, die heiße Brühe hineingießen und die Ribs einlegen. Die Schale von 2 Zitronen abreiben und auf den Ribs verteilen. Anschließend die beiden Zitronen der Länge nach vierteln und die Viertel zwischen den Ribs verteilen. Den Dutch Oven verschließen und die Ribs bei geschlossenem Grilldeckel in 2–2,5 Std. weich garen.

6 Nach Ende der Grillzeit den Dutch Oven-Deckel entfernen und die Ribs mit Honig benetzen. Zum Servieren die übrigen beiden Zitronen halbieren, die Schnittflächen dünn mit Olivenöl bestreichen und 3–4 Min. über direkter Hitze grillen, bis sich ein Grillmuster bildet. Die Ribs mit dem Saft der gegrillten Zitronen beträufeln und servieren.

GOOD TO KNOW

Wenn die Silberhaut nicht von den Ribs entfernt wird, wirken die Rippchen nach dem Grillen zäh. Außerdem kann die Würzmischung dann nicht auf der Innenseite der Ribs einziehen, das Fleisch nimmt also weniger Geschmack an. Zum Abziehen der Silberhaut mit einem schmalen Löffelrücken unter die Haut entlang des Knochens bis zur Mitte fahren, die Haut anheben, mit Küchenpapier fassen und abziehen.

TIPP

Da die meisten Metzger ihr Rouladenfleisch schon vorgeschnitten im Angebot haben, mit einem durchschnittlichen Gewicht von 200 Gramm, solltet ihr euren Metzger um schwerere Scheiben bitten. Für dieses Rezept sollten sie um die 300 Gramm wiegen.

GERÄUCHERTE ZWIEBELROULADEN

Für die Rouladen kauft ihr am besten Rindfleisch aus der Keule, aus der Ober- oder Unterschale oder auch von der Nuss.

FÜR 4–6 PERSONEN

1–2 × Dirty Dust-Würzmischung (s. S. 21)
6 Scheiben Rinderrouladenfleisch (je 300–350 g)
1 kg weiße Zwiebeln
500 g kleine Petersilienwurzeln
4–6 EL grobkörniger Senf
12 Scheiben Frühstücksspeck
6 Gewürzgurken
3–4 EL Öl
2 EL Tomatenmark
1,2–1,5 l heiße Rinderbrühe
2–3 Lorbeerblätter

ZUBEHÖR

Backpapier und Küchengarn
Weber's Dutch Oven
3–4 Handvoll Apfelholz-Räucherchips (mind. 30 Min. gewässert)

VORBEREITUNG
10–15 Min. zubereiten
mind. 30 Min. marinieren (am besten über Nacht)

GRILLZEIT
ca. 2,5 Std.

GRILLMETHODE
direkte/indirekte Hitze

1 Die Dirty Dust-Würzmischung zubereiten. Die Fleischscheiben auf beiden Seiten mit der Würzmischung bestreuen und mit Backpapier abgedeckt mind. 30 Min. bei Raumtemperatur marinieren (noch besser über Nacht im Kühlschrank).

2 Den Grill für indirekte schwache bis mittlere Hitze (140 bis 160 °C) vorbereiten (Holzkohlegrill s. S. 10, Gasgrill s. S. 12). Die Zwiebeln schälen und in Spalten schneiden. Die Petersilienwurzeln putzen, schälen und der Länge nach halbieren.

3 Die Fleischscheiben nebeneinander auflegen und die Oberseiten mit Senf bestreichen. Darauf je 2 Scheiben Speck, 2–3 Zwiebelspalten und 1 Gewürzgurke legen. Die Seiten jeweils einschlagen, das Fleisch von unten nach oben zu Rouladen aufrollen und mit Küchengarn binden.

4 Die Rouladen mittig auf den Grillrost legen. Die gewässerten Räucherchips auf der Glut verteilen oder in die Räucherbox des Gasgrills geben und die Rouladen bei geschlossenem Grilldeckel 35–40 Min. grillen und räuchern.

5 Anschließend den Grill für direkte mittlere bis starke Hitze (190–210 °C) vorbereiten. Den Dutch Oven einsetzen und das Öl hineingießen. Die restlichen Zwiebelspalten sowie die Petersilienwurzeln darin 8–10 Min. unter Rühren anbraten. Das Tomatenmark einrühren, die heiße Brühe aufgießen und die Lorbeerblätter zugeben. Den Sud im verschlossenen Topf bei geschlossenem Grilldeckel zum Kochen bringen. Dann die Rouladen einlegen, den Topf wieder verschließen und die Rouladen bei geschlossenem Grilldeckel in ca. 2 Std. weich schmoren.

6 Die Rouladen im offenen Dutch Oven samt Schmorsud und Gemüseeinlage servieren.

WEBER'S SALSICCIA PULPO

Egal ob mit oder ohne Rotweinkorken: Im Dutch Oven wird der Pulpo wunderbar zart und in Kombination mit den italienischen Salsicce zu einem Festessen!

FÜR 6–8 PERSONEN

500 g Suppengrün (Lauch, Möhren, Sellerie, Pastinaken)
40 g frische Kräuter der Provence (z. B. Rosmarin, Thymian, Salbei)
1 Pulpo (800–1000 g), küchenfertig ausgenommen
Meersalz
300 g Kirschtomaten
200 g Pimientos de Padrón (Brat- oder Grillpaprika)
2 frische Knoblauchknollen
35 ml Olivenöl plus Öl zum Servieren
8 Salsicce (rohe italienische Bratwürste; je ca. 80 g)
schwarzer Pfeffer aus der Mühle

ZUBEHÖR

Weber's Dutch Oven

VORBEREITUNG
20–25 Min.

GRILLZEIT
ca. 1 Std.

GRILLMETHODE
direkte/indirekte Hitze

1. Den Grill für direkte/indirekte mittlere bis starke Hitze (190 bis 200 °C) vorbereiten (Holzkohlegrill s. S. 10, Gasgrill s. S. 12).

2. In den Dutch Oven 2 l Wasser gießen. Das Suppengemüse putzen und in grobe Stücke schneiden. Die Kräuter verlesen, kalt abbrausen und trocken schütteln. Das Gemüse, die Hälfte der Kräuter und den Pulpo zusammen mit 1 EL Meersalz in den Dutch Oven geben und den Topf in der indirekten Zone auf den Rost stellen.

3. Den Dutch Oven mit dem Deckel verschließen und den Pulpo bei geschlossenem Grilldeckel in 40–45 Min. weich simmern. Inzwischen die Tomaten und die Pimientos putzen, kalt abbrausen und trocken tupfen. Die Knoblauchknollen halbieren.

4. Nach Grillzeitende den Pulpo aus dem Sud nehmen und abkühlen lassen. Sud abgießen, übriges Gemüse gegebenenfalls aus dem Topf entfernen. Den Dutch Oven reinigen und trocknen, anschließend über direkter Hitze bei geschlossenem Grilldeckel 5–8 Min. vorheizen. Die Arme des Pulpo bis zum Körper einschneiden und von der anderen Seite abschneiden. Die Tube abtrennen, halbieren und das Kauwerkzeug entfernen.

5. Das Olivenöl, die halbierten Knoblauchknollen und die Würste in den Dutch Oven geben und bei geöffnetem Grilldeckel 6 bis 8 Min. anbraten, dabei gelegentlich wenden. Dann den Pulpo und die restlichen Kräuter zugeben und 3–5 Min. mitbraten.

6. Kurz vor Grillzeitende Pimientos und Tomaten zugeben, kurz mitbraten und mit Meersalz sowie schwarzem Pfeffer aus der Mühle würzen. Zum Servieren alles auf eine große Platte stürzen und nach Geschmack mit Olivenöl verfeinern.

PORKY BELLINI

Solltet ihr keine Pfirsiche bekommen, könnt ihr sie durch Aprikosen, Mirabellen, Nektarinen, Pflaumen oder Zwetschgen ersetzen. So oder so: Der Porky Bellini schmeckt delizioso!

FÜR 6–8 PERSONEN

1 Schweinenacken ohne Knochen (2–2,2 kg), möglichst trocken gereift
2 EL Fenchelsamen
1–2 EL Currypulver
½ TL schwarzer Pfeffer aus der Mühle
500 g Zwiebeln
500 g Pfirsiche
400 g Frühstücksspeck
2 EL Honig
Meersalz

ZUBEHÖR

Weber's Dutch Oven

VORBEREITUNG
10–15 Min. zubereiten
mind. 30 Min. marinieren
(am besten über Nacht)

GRILLZEIT
2 Std. 30 Min.–2 Std. 50 Min.

GRILLMETHODE
indirekte Hitze

1 Das Fleisch trocken tupfen und quer in 1 cm dicke Scheiben schneiden. Die Scheiben in einem ausreichend großen Gefäß mit Fenchelsamen, Currypulver und Pfeffer vermengen, anschließend mit Backpapier abgedeckt mind. 30 Min. im Kühlschrank marinieren (noch besser über Nacht).

2 Vor dem Grillen das Fleisch aus dem Kühlschrank nehmen und 15–20 Min. Raumtemperatur annehmen lassen. Inzwischen den Grill für indirekte mittlere Hitze (180–190 °C) vorbereiten (Holzkohlegrill s. S. 10, Gasgrill s. S. 12).

3 Die Zwiebeln schälen, halbieren und in dünne Spalten schneiden. Die Pfirsiche waschen, trocknen, längs halbieren, den Kern entfernen und das Fruchtfleisch in dünne Spalten schneiden.

4 Marinierte Fleischscheiben, Speck, Zwiebel- und Pfirsichspalten abwechselnd in den Dutch Oven schichten. Gegebenenfalls übrige Zwiebel- und Pfirsichspalten darauf verteilen.

5 Den Topf mit dem Deckel verschließen und das Fleisch in der indirekten Zone bei geschlossenem Grilldeckel 2 Std. 30 Min. bis 2 Std. 50 Min. garen (s. Tipp).

6 Zum Servieren den Dutch Oven-Deckel entfernen, das Fleisch mit Honig benetzen und mit Meersalz würzen.

TIPP

Der Porky Bellini ist fertig, wenn ihr das Fleisch mit einer Gabel durchtrennen könnt und es zerfällt. Ob pur, mit einem grünen Salat, als Burger oder Begleiter zu den Papas arrugadas von Seite 80 – der Porky Bellini wird euch begeistern! Die Kartoffeln könnt ihr übrigens gleichzeitig auf dem Dutch Oven-Deckel zubereiten.

CHEESE CREAM BOMB

Wenn ihr von der Red Duty-Würzmischung von Seite 21 etwas übrig habt, könnt ihr das Hackfleisch mit 1–2 EL davon würzen und verfeinern. Das Garen im offenen Dutch Oven sorgt übrigens dafür, dass der Baconteppich trocken und langsam gart, die Hackfleischmasse also perfekt umschließt. Bei zu hohen Temperaturen zieht sich der Speck zu schnell zusammen und es entstehen Löcher in der Cheese Cream Bomb.

FÜR 4–6 PERSONEN

8 Knoblauchzehen
1 Zwiebel
2 Jalapeños
400 g gemischte Käsesorten (z. B. Camembert, Cheddar, Brie)
1,2–1,5 kg Rinderhackfleisch (am besten selbst oder vom Metzger frisch gewolft)
100 g Frischkäse
Meersalz
30 Scheiben Frühstücksspeck
600 ml heiße Rinderbrühe
80 ml BBQ-Sauce

ZUBEHÖR

Backpapier
Weber's Dutch Oven
3–4 Handvoll Apfelholz-Räucherchips (mind. 30 Min. gewässert)

VORBEREITUNG
20–30 Min. zubereiten

GRILLZEIT
1 Std. 35 Min.–2 Std.

GRILLMETHODE
indirekte Hitze

1 Den Grill für indirekte schwache bis mittlere Hitze (140 bis 160 °C) vorbereiten (Holzkohlegrill s. S. 10, Gasgrill s. S. 12).

2 Die Knoblauchzehen schälen und halbieren. Die Zwiebel schälen und fein würfeln. Die Jalapeños putzen, der Länge nach halbieren, entkernen und fein würfeln. Den Käse in 1 cm große Würfel schneiden.

3 Das Hackfleisch in einer ausreichend großen Schüssel mit den vorbereiteten Zutaten und dem Frischkäse gleichmäßig vermengen, mit Meersalz würzen und zu einer runden kompakten Masse formen.

4 Für den Baconteppich auf einem großen Stück Backpapier 12 Scheiben Speck nebeneinander leicht überlappend auflegen. Am oberen Drittel des Teppichs erneut 12 Scheiben nebeneinander leicht überlappend auflegen, sodass der Teppich schließlich fast doppelt so groß ist wie zuvor. Den Baconteppich mithilfe des Backpapiers über die Hackfleischmasse legen und die überlappenden Seiten nach unten einschlagen. Den unteren Rand mit den restlichen 6 Speckscheiben umschließen.

5 Die Cheese Cream Bomb mittig in den Dutch Oven geben und den Topf im Grillrost einsetzen. Die gewässerten Räucherchips auf der Glut verteilen oder in die Räucherbox des Gasgrills geben und die Bomb im offenen Topf bei geschlossenem Grilldeckel 35–40 Min. grillen und räuchern.

6 Nach Ende der ersten Grill- und Räucherzeit die Cheese Bomb mit heißer Brühe auffüllen und in 1 Std.–1 Std. 20 Min. bei geschlossenem Grilldeckel fertig grillen (Kerntemperatur 76 bis 78 °C), dabei im Abstand von 15–20 Min. mit der BBQ-Sauce einpinseln, bis sie aufgebraucht ist.

3

4

6

BLACK BEEF SHORT RIBS

Die Ribs sind perfekt, wenn sich das Fleisch leicht vom Knochen lösen lässt und es auf Fingerdruck etwas nachgibt. Beef Short Ribs mit ihrem hohen Anteil an Bindegewebe sind ideal für die lange Schmorzeit im Dutch Oven.

FÜR 4–6 PERSONEN

2 × Red Duty-Würzmischung (s. S. 21)
2,5–3 kg Beef Ribs (2–3 Stücke Short Ribs aus der Querrippe)
500 ml Schwarzbier
800 ml heiße Rinderbrühe
100 ml Rotweinessig

ZUBEHÖR

Backpapier/Butcher Paper
Weber's Dutch Oven
3–4 Handvoll Apfelholz-Räucherchips (mind. 30 Min. gewässert)

VORBEREITUNG
10–15 Min. zubereiten
mind. 30 Min. marinieren
(am besten über Nacht)

GRILLZEIT
4 Std. 5 Min.–4 Std. 40 Min.

GRILLMETHODE
indirekte Hitze

RUHEZEIT
10–15 Min.

1 Die Red Duty-Würzmischung zubereiten. Die Silberhaut auf den Knochenseiten der Ribs entfernen (s. Tipp S. 45).

2 Die Ribs rundherum mit der Würzmischung bestreuen, fest in Backpapier wickeln und im Kühlschrank mind. 30 Min. marinieren (noch besser über Nacht).

3 Vor dem Grillen und Räuchern das Fleisch aus dem Kühlschrank nehmen und 25–30 Min. Raumtemperatur annehmen lassen. Inzwischen den Grill für indirekte schwache bis mittlere Hitze (140–160 °C) vorbereiten (Holzkohlegrill s. S. 10, Gasgrill s. S. 12).

4 Die Ribs aus dem Papier wickeln und mittig auf den Grillrost legen. Die gewässerten Räucherchips auf der Glut verteilen oder in die Räucherbox des Gasgrills geben und die Ribs bei geschlossenem Grilldeckel 35–40 Min. grillen und räuchern.

5 Den Grill für indirekte mittlere bis starke Hitze (190–210 °C) vorbereiten. Den Dutch Oven einsetzen, mit Bier und Brühe auffüllen und die Ribs mit den Knochenseiten nach unten in den Topf legen.

6 Den Topf mit dem Deckel verschließen und die Ribs bei geschlossenem Grilldeckel 3 Std. 30 Min.–4 Std. garen (Kerntemperatur 90–95 °C), dabei im Abstand von 30–35 Min. die Ribs wenden und mit dem Essig einpinseln. Vom Grill nehmen und die Ribs vor dem Servieren 10–15 Min. ruhen lassen.

2

4

5

weber

SOULFOOD

SUPPEN & EINTÖPFE

Klar, man kann Suppen und Eintöpfe auch auf dem Herd in der Küche zubereiten, aber zum wahren Soulfood werden sie erst auf dem Grill beziehungsweise im Dutch Oven. Und weil Weber's Dutch Oven 2-in-1 mit einem großartigen Deckel ausgestattet ist, gibt's auch gleich noch selbst gebackenes Brot dazu. Perfekt!

BRÖSELKNÖDELSUPPE

Für gleich große Bröselknödel verwendet ihr zum Abstechen des Knödelteigs am besten einen Tee- oder Messlöffel. Diese Suppe ist österreichisches Soulfood pur!

FÜR 4–6 PERSONEN

1 Bund glatte Petersilie
80 g Butter
2 Brötchen vom Vortag, in Milch eingeweicht
40 g Semmelbrösel
2 Eier (M)
Meersalz
Muskat aus der Mühle
1 Zwiebel
500 g Suppengemüse (z. B. Möhren, Petersilienwurzel, Sellerie, Lauch)
20 g Liebstöckel
1–1,2 kg Hähnchenflügel
3–4 EL Öl oder Schmalz
2 EL Mehl
2 l heiße Geflügelbrühe
schwarzer Pfeffer aus der Mühle

ZUBEHÖR

Weber's Dutch Oven

VORBEREITUNG
15–20 Min. zubereiten

GRILLZEIT
1 Std.–1 Std. 10 Min.

GRILLMETHODE
direkte/indirekte Hitze

1 Den Grill für direkte mittlere bis starke Hitze (220–240 °C) vorbereiten (Holzkohlegrill s. S. 10, Gasgrill s. S. 12). Den Dutch Oven bei geschlossenem Grilldeckel 12–15 Min. vorheizen. Inzwischen die Petersilie verlesen, kalt abbrausen, trocken schütteln und die Blätter samt Stielen sehr fein schneiden.

2 40 g Butter schmelzen. Die eingeweichten Brötchen kräftig ausdrücken und zusammen mit der Petersilie in eine ausreichend große Schüssel geben. Semmelbrösel, geschmolzene Butter und die Eier zugeben, mit Meersalz sowie Muskat aus der Mühle würzen und die Zutaten gleichmäßig und kräftig vermengen. Mit angefeuchteten Händen aus dem Knödelteig 1,5–2 cm große Kugeln formen.

3 Die Zwiebel schälen und in dünne Spalten schneiden. Das Suppengemüse putzen, gegebenenfalls schälen und in grobe Stücke schneiden. Den Liebstöckel verlesen, kalt abbrausen und trocken schütteln.

4 Die Hähnchenflügel trocken tupfen und mit Meersalz würzen. Das Öl in den vorgeheizten Dutch Oven gießen, die Hähnchenflügel hineingeben und bei geschlossenem Grilldeckel 10 bis 12 Min. anbraten, dabei ab und zu wenden. Danach mit Mehl bestäuben, die übrige Butter, das Gemüse und den Liebstöckel zugeben, kurz mitbraten und die heiße Brühe aufgießen.

5 Den Grill für indirekte mittlere bis starke Hitze (180–190 °C) vorbereiten. Den Dutch Oven mit dem Deckel verschließen und den Suppenansatz bei geschlossenem Grilldeckel 40 bis 45 Min. köcheln lassen.

6 Nach Ende der ersten Grillzeit die Bröselknödel in den Topf geben, den Topf wieder verschließen und alles bei geschlossenem Grilldeckel weitere 10–12 Min. köcheln lassen. Die Suppe mit Meersalz sowie schwarzem Pfeffer aus der Mühle würzen.

2

4

6

GRÜNKOHLEINTOPF

Der vitamin- und nährstoffreiche Grünkohl gilt als Superfood und sollte ruhig häufiger als nur im Winter auf den Teller kommen. Genialerweise lässt er sich problemlos einfrieren und ist dann acht bis zehn Monate haltbar. In unserem Tipp steht, wie ihr das am besten macht.

FÜR 6–8 PERSONEN

1,2–1,5 kg Grünkohl (ersatzweise 600 g TK-Grünkohl)
500 g mehligkochende Kartoffeln
2 Zwiebeln
2–3 EL Öl
200 g gewürfelter Speck
6–8 geräucherte Mettwürstchen
1 TL Kreuzkümmel
2 l heiße Geflügelbrühe
schwarzer Pfeffer aus der Mühle
Meersalz

ZUBEHÖR

Weber's Dutch Oven

VORBEREITUNG
25–30 Min. zubereiten

GRILLZEIT
ca. 50 Min.

GRILLMETHODE
direkte/indirekte Hitze

1 Den Grill für direkte mittlere bis starke Hitze (220–240 °C) vorbereiten (Holzkohlegrill s. S. 10, Gasgrill s. S. 12). Den Dutch Oven bei geschlossenem Grilldeckel 12–15 Min. vorheizen.

2 Inzwischen die Grünkohlblätter vom Strunk abtrennen und sehr fein schneiden (oder durch die grobe Lochscheibe des Fleischwolfs drehen). Danach waschen und gut trocken schleudern.

3 Die Kartoffeln schälen und in 2 cm große Würfel schneiden. Die Zwiebeln schälen, vierteln und quer in Streifen schneiden.

4 Das Öl in den vorgeheizten Dutch Oven gießen und darin den Speck mehrere Minuten goldbraun anbraten, dabei gelegentlich umrühren. Zwiebelstreifen und Kartoffelwürfel dazugeben und weitere 3–5 Min. mitbraten.

5 Den fein geschnittenen Grünkohl, die Mettwürstchen und den Kreuzkümmel zugeben und mit der heißen Brühe auffüllen. Den Grill für indirekte mittlere bis starke Hitze (180–190 °C) vorbereiten. Den Dutch Oven mit dem Deckel verschließen und den Eintopf bei geschlossenem Grilldeckel 40–45 Min. köcheln lassen.

6 Nach Ende der Grillzeit den Dutch Oven-Deckel entfernen und den Grünkohleintopf mit Meersalz sowie schwarzem Pfeffer aus der Mühle würzen.

TIPP

Grünkohl lässt sich super einfrieren. Dafür die Blätter abtrennen, sehr fein schneiden oder mit der groben Lochscheibe durch den Fleischwolf drehen. Dann in reichlich Salzwasser 2–3 Min. blanchieren, in eiskaltem Wasser herunterkühlen, gründlich ausdrücken und portionsweise einfrieren. Durch das Einfrieren wird der Grünkohl allerdings weicher und ist deshalb weniger geeignet für Salate oder Rohkostgerichte.

WIRTSHAUS-GULASCHSUPPE

Das Mark der Knochen sorgt für einen extra kräftigen Geschmack der Gulaschsuppe. Wenn ihr eure Brühe nicht selbst zubereiten könnt, solltet ihr auf Brühen oder Fonds ohne Hefeextrakt in Gläsern zurückgreifen.

VORBEREITUNG
25–30 Min. zubereiten

GRILLZEIT
ca. 1,5 Std.

GRILLMETHODE
direkte/indirekte Hitze

FÜR 6–8 PERSONEN

800 g durchwachsenes Rindfleisch (Wade, Nacken, Schulter oder Rippenfleisch), pariert
400 g Zwiebeln
500 g Suppengemüse (z. B. Möhren, Sellerie, Lauch, Petersilienwurzel)
300 g mehligkochende Kartoffeln
3–4 EL Öl
500 g Markknochen
5 g frischer Majoran
2 EL edelsüßes Paprikapulver
1 TL Kümmel
35 ml Apfelessig
2–3 Lorbeerblätter
2 EL Tomatenmark
500 ml dunkles Hefeweizen
1,5 l heiße Rinderbrühe
½ Bund glatte Petersilie
Meersalz
schwarzer Pfeffer aus der Mühle

ZUBEHÖR

Weber's Dutch Oven

1 Den Grill für direkte mittlere bis starke Hitze (220–240 °C) vorbereiten (Holzkohlegrill s. S. 10, Gasgrill s. S. 12). Den Dutch Oven bei geschlossenem Grilldeckel 12–15 Min. vorheizen. Das Rindfleisch in 1,5–2 cm große Würfel schneiden. Die Zwiebeln schälen und fein würfeln. Das Suppengemüse putzen, gegebenenfalls schälen und je nach Beschaffenheit in 1 cm große Würfel schneiden. Die Kartoffeln schälen und ebenso klein würfeln.

2 Das Öl in den Dutch Oven gießen und darin die Markknochen und das Fleisch bei geschlossenem Grilldeckel in 8–10 Min. kräftig anbraten, dabei gelegentlich umrühren. Den Majoran verlesen, kalt abbrausen, trocken schütteln und samt Stielen sehr fein schneiden. Sobald das Fleisch eine goldbraune Farbe hat, mit Paprikapulver bestreuen und den Majoran zugeben.

3 Die übrigen geschnittenen Zutaten 5–6 Min. unter Rühren mitbraten. Kümmel, Apfelessig und Lorbeerblätter dazugeben. Das Tomatenmark unterrühren, mit dem Bier ablöschen.

4 Die heiße Brühe zugießen. Den Grill für indirekte mittlere bis starke Hitze (180–190 °C) vorbereiten. Den Dutch Oven verschließen und die Suppe bei geschlossenem Grilldeckel 70 bis 80 Min. köcheln lassen. Anschließend die Knochen entfernen.

5 Inzwischen die Petersilie verlesen, kalt abbrausen, trocken schütteln und die Blätter samt Stielen sehr fein schneiden.

6 Die Gulaschsuppe mit Meersalz sowie schwarzem Pfeffer aus der Mühle würzen und mit der Petersilie bestreut servieren.

1

2

3

FISCH-MINESTRONE

Würzig, aromatisch und fein wird diese schnell zubereitete Minestrone mit den verschiedenen frischen mediterranen Kräutern.

FÜR 6–8 PERSONEN

600 g festes Fischfilet ohne Haut (s. Tipp), küchenfertig und ohne Gräten
500 g Suppengemüse (z. B. Möhren, Lauch, Petersilienwurzel, Staudensellerie)
20 g gemischte mediterrane Kräuter (z. B. Rosmarin, Majoran, Oregano, Lorbeerblätter, Thymian)
4 Fleischtomaten
2 rote Paprikaschoten
1 rote Peperoni
1 Zwiebel
2 Knoblauchzehen
1 Fenchel
4–5 EL Olivenöl
2 EL Tomatenmark
200 g stückige Tomaten aus der Dose
1,5 l heißer Fischfond
1 Msp. gemahlene Nelken
Meersalz
schwarzer Pfeffer aus der Mühle

ZUBEHÖR

Weber's Dutch Oven

1 Den Grill für direkte mittlere bis starke Hitze (220–240 °C) vorbereiten (Holzkohlegrill s. S. 10, Gasgrill s. S. 12). Den Dutch Oven bei geschlossenem Grilldeckel 12–15 Min. vorheizen. Die Fischfilets unter fließendem kaltem Wasser abspülen, trocken tupfen und in 2–3 cm große Würfel schneiden.

2 Das Suppengemüse putzen, gegebenenfalls schälen und je nach Beschaffenheit in kleine Würfel schneiden. Die Kräuter verlesen, kalt abbrausen und je nach Art der Blätter fein schneiden. Die Tomaten putzen, waschen, trocken tupfen, halbieren und entkernen (die Kerne aufbewahren). Die Tomatenfilets der Länge nach in dünne Streifen schneiden.

3 Paprikaschoten und Peperoni putzen, waschen, trocken tupfen, der Länge nach halbieren, entkernen und fein würfeln. Zwiebel und Knoblauch schälen und ebenso fein würfeln. Den Fenchel putzen, längs halbieren, den Strunk entfernen und den Fenchel in 5 mm dicke Scheiben schneiden.

4 Das Olivenöl in den vorgeheizten Dutch Oven gießen und darin Zwiebel, Knoblauch, Suppengemüse und Fenchel bei geschlossenem Grilldeckel mehrere Minuten kräftig anbraten. Dann Kräuter, Paprika, Peperoni und das Tomatenmark zugeben und bei geschlossenem Grilldeckel weitere 3–5 Min. anbraten.

5 Stückige Tomaten und die Tomatenkerne zufügen und mit dem Fischfond auffüllen. Den Grill für indirekte mittlere bis starke Hitze (180–190 °C) vorbereiten. Den Suppenansatz im verschlossenen Topf bei geschlossenem Grilldeckel 25–30 Min. köcheln lassen.

6 Anschließend Fischwürfel und Tomatenstreifen in den Topf geben und die Minestrone im offenen Topf bei geschlossenem Grilldeckel weitere 6–8 Min. köcheln lassen, bis der Fisch durchgegart ist. Die Minestrone zum Servieren mit Nelkenpulver, Meersalz und schwarzem Pfeffer aus der Mühle würzen.

VORBEREITUNG
25–30 Min. zubereiten

GRILLZEIT
35–45 Min.

GRILLMETHODE
direkte/indirekte Hitze

TIPP

Festfleischige Fische wie Dorade, Wolfsbarsch, Lachs, Saibling, Seeteufel, Zander, Heilbutt oder Steinbutt eignen sich perfekt für diese Zubereitungsart.

ACKERBOHNENEINTOPF

Die Ackerbohne hat viele Namen, sie wird auch Dicke Bohne, Saubohne, Puff- oder Favabohne genannt und zählt hierzulande zu den ältesten Bohnensorten. Ihr bekommt sie meist vorgegart im Glas, in der Dose oder auch getrocknet (dann müssen die Kerne über Nacht eingeweicht werden) und zwischen Mitte Mai und Ende August auch frisch.

FÜR 6–8 PERSONEN

1 kg Schweinebauch ohne Knochen
2 Zwiebeln
200 g Möhren
200 g mehligkochende Kartoffeln
4 Zweige Majoran
4 Stängel glatte Petersilie
3–4 EL Öl
Meersalz
2–3 Lorbeerblätter
1,5–2 l heiße Geflügel- oder Kalbsbrühe
1 Glas Ackerbohnen (Abtropfgewicht ca. 200 g)
schwarzer Pfeffer aus der Mühle

ZUBEHÖR

Weber's Dutch Oven

VORBEREITUNG
25–30 Min. zubereiten

GRILLZEIT
ca. 1,5 Std.

GRILLMETHODE
direkte/indirekte Hitze

1 Den Grill für direkte mittlere bis starke Hitze (220–240 °C) vorbereiten (Holzkohlegrill s. S. 10, Gasgrill s. S. 12). Den Dutch Oven bei geschlossenem Grilldeckel 12–15 Min. vorheizen.

2 Die Schwarte des Schweinebauchs abschneiden und beiseitelegen. Das Fleisch halbieren, dann jeweils die Fettseite rautenförmig einschneiden.

3 Die Zwiebeln schälen und würfeln. Von den Möhren den grünen Strunk abschneiden. Die Möhren schälen, der Länge nach vierteln und schräg in 1 cm große Stücke schneiden. Kartoffeln schälen und in kleine Würfel schneiden. Majoran und Petersilie verlesen, kalt abbrausen, trocken schütteln und die Blätter samt Stielen sehr fein schneiden.

4 Das Öl in den vorgeheizten Dutch Oven gießen. Die Schweinebauchhälften rundherum mit Meersalz würzen und im heißen Öl, beginnend auf der Fettseite, bei geschlossenem Grilldeckel von allen Seiten kräftig anbraten. Danach Zwiebeln, Möhren und Kartoffelwürfel zugeben und bei geschlossenem Grilldeckel 3–5 Min. mitbraten.

5 Lorbeerblätter und Schwarte hinzufügen und den Ansatz mit der heißen Brühe auffüllen. Den Grill für indirekte mittlere bis starke Hitze (180–190 °C) vorbereiten. Den Dutch Oven mit dem Deckel verschließen und den Eintopf bei geschlossenem Grilldeckel 70–80 Min. köcheln lassen.

6 Den Dutch Oven-Deckel 10–15 Min. vor Ende der Grillzeit abnehmen und die Bohnen sowie die Kräuter einrühren. Den Eintopf anschließend im verschlossenen Topf bei geschlossenem Grilldeckel fertig garen. Zum Servieren die Schwarte entfernen und den Bohneneintopf mit Meersalz und schwarzem Pfeffer aus der Mühle würzen.

GOOD TO KNOW

Frische Ackerbohnen werden zuerst aus den Schoten gebrochen, dann werden die Bohnenkerne 2–3 Min. blanchiert und in eiskaltem Wasser heruntergekühlt. Danach könnt ihr die Kerne aus den Häutchen drücken. Die Bohnen müssen anschließend nur noch 10–15 Min. garen oder im jeweiligen Gericht mitgekocht werden. Für 200 g Bohnenkerne braucht ihr etwa 800 g frische Schoten.

GOOD TO KNOW

Anders als beim klassischen Gulasch solltet ihr das Fleisch hier recht klein schneiden, damit ihr in der angegebenen Grillzeit bleibt. Das Fleisch darf übrigens ruhig ein wenig zerfallen, dann schmeckt es besonders gut.

RINDFLEISCHEINTOPF

Dieses Gericht ist ein Klassiker. Gerade bei kühleren Temperaturen im Freien zubereitet wärmt es nicht nur von innen heraus!

FÜR 6–8 PERSONEN

500 g durchwachsenes Rindfleisch (Wade, Nacken, Schulter oder Rippenfleisch), pariert
1 Zwiebel
300 g Suppengemüse (z. B. Möhren, Sellerie, Lauch, Petersilienwurzel)
200 g mehligkochende Kartoffeln
250 g grüne Bohnen (z. B. Brechbohnen, Schnippelbohnen, Prinzessbohnen)
3–4 EL Öl
1,5–2 l heiße Rinderbrühe
120 g Reis
150 g TK-Erbsen
Meersalz
schwarzer Pfeffer aus der Mühle

ZUBEHÖR

Weber's Dutch Oven

VORBEREITUNG
25–30 Min. zubereiten

GRILLZEIT
ca. 1,5 Std.

GRILLMETHODE
direkte/indirekte Hitze

1 Den Grill für direkte mittlere bis starke Hitze (220–240 °C) vorbereiten (Holzkohlegrill s. S. 10, Gasgrill s. S. 12). Den Dutch Oven bei geschlossenem Grilldeckel 12–15 Min. vorheizen.

2 Inzwischen das Rindfleisch in 1,5–2 cm große Würfel schneiden. Die Zwiebel schälen und fein würfeln. Das Suppengemüse putzen, gegebenenfalls schälen und je nach Beschaffenheit in 1 cm große Würfel schneiden. Die Kartoffeln schälen und ebenso klein würfeln. Die Bohnen putzen und klein schneiden.

3 Das Öl in den vorgeheizten Dutch Oven gießen und darin das Fleisch bei geschlossenem Grilldeckel in 8–10 Min. kräftig anbraten, dabei gelegentlich umrühren. Sobald das Fleisch eine goldbraune Farbe angenommen hat, alle übrigen geschnittenen Zutaten außer den Bohnen zugeben und 5–6 Min. unter Rühren mitbraten.

4 Den Ansatz mit der heißen Brühe auffüllen. Den Grill für indirekte mittlere bis starke Hitze (180–190 °C) vorbereiten. Den Dutch Oven mit dem Deckel verschließen und den Eintopf bei geschlossenem Grilldeckel 70–80 Min. köcheln lassen.

5 Den Dutch Oven-Deckel 20–25 Min. vor Ende der Grillzeit entfernen, den Reis zugeben und den Eintopf im verschlossenen Topf bei geschlossenem Grilldeckel weiterköcheln lassen.

6 Die Bohnen und Erbsen 8–10 Min. vor Ende der Grillzeit einrühren, den Topf wieder verschließen und den Eintopf bei geschlossenem Grilldeckel fertig garen. Zum Servieren den Rindfleischeintopf mit Meersalz und schwarzem Pfeffer würzen.

RATATOUILLE MIT PFANNENBROT

Für eine besondere Würze könnt ihr das Ratatouille zum Servieren noch mit 100 g grünen Oliven, 12 Sardellenfilets und 2 EL Kapernäpfeln toppen.

VORBEREITUNG
25–30 Min. zubereiten
25–30 Min. Gehzeit des Teigs

GRILLZEIT
ca. 40 Min.

GRILLMETHODE
direkte/indirekte Hitze

vegetarisch

FÜR 6–8 PERSONEN

10 g frische Hefe
1 EL Honig
320 g Weizenmehl (Type 405) plus Mehl zum Bearbeiten
7 g feines Meersalz
2–3 EL Olivenöl
je 1 gelbe, rote und grüne Paprikaschote
1 Zucchino | 1 Aubergine
2 rote Zwiebeln
2 Knoblauchzehen
100 g in Öl eingelegte getrocknete Tomaten, abgetropft
½ Bund Petersilie
50 ml Tomatenöl (von den getrockneten Tomaten)
2 EL getrocknete Kräuter der Provence
2 EL Tomatenmark
400 ml heiße Gemüsebrühe
600 g stückige Tomaten aus der Dose
Meersalz | Cayennepfeffer

ZUBEHÖR

Weber's Dutch Oven

1 Die Hefe in 200 ml lauwarmes Wasser bröckeln, den Honig zugeben und so lange rühren, bis beide vollständig aufgelöst sind. Das Mehl in eine Schüssel sieben, mit Meersalz und Olivenöl verrühren, das Hefewasser zugießen und alles mit den Händen zu einem geschmeidigen Teig kneten. Mit Frischhaltefolie abdecken und bei Raumtemperatur 25–30 Min. gehen lassen.

2 Das Gemüse putzen, waschen und trocken tupfen. Die Schoten vierteln, entkernen und würfeln. Zucchino und Aubergine ebenso würfeln. Zwiebeln und Knoblauch schälen und in dünne Spalten schneiden. Tomaten klein schneiden. Petersilie verlesen, kalt abbrausen, trocken schütteln und sehr fein schneiden.

3 Den Grill für direkte starke Hitze (220–240 °C) vorbereiten (Holzkohlegrill s. S. 10, Gasgrill s. S. 12). Den Dutch Oven bei geschlossenem Grilldeckel 12–15 Min. vorheizen.

4 Den Deckel des Dutch Oven großzügig mit Mehl bestreuen. Den Teig auf der bemehlten Arbeitsfläche zu einem 30 cm großen Fladen formen, vierteln und auf den Deckel legen.

5 Das Tomatenöl in den Topf gießen und darin Zwiebeln, Knoblauch, Gemüse und Tomaten 6–8 Min. unter Rühren anbraten. Kräuter und Tomatenmark zugeben und mit der heißen Gemüsebrühe ablöschen. Die stückigen Tomaten unterrühren.

6 Den Grill für indirekte mittlere bis starke Hitze (180–190 °C) vorbereiten. Den Dutch Oven mit dem Deckel verschließen und alles bei geschlossenem Grilldeckel 30–35 Min. garen. Mit Meersalz und Cayennepfeffer würzen, mit Petersilie toppen.

2

5

6

HÜHNERNUDELSUPPE

Noch intensiver wird der Geschmack der Hühnersuppe, wenn ihr das Hähnchen nach dem Anbraten anstatt mit heißem Wasser mit heißer Geflügelbrühe aufgießt.

FÜR 6–8 PERSONEN

1 Maishähnchen (ca. 1 kg), küchenfertig vorbereitet
Meersalz
1 Zwiebel
500 g Suppengemüse (z. B. Möhren, Lauch, Sellerie, Petersilienwurzel)
3–4 EL Öl
2–3 Lorbeerblätter
1 Bund Petersilie
200 g kleine Muschelnudeln
schwarzer Pfeffer aus der Mühle

ZUBEHÖR

Weber's Dutch Oven

VORBEREITUNG
15–20 Min. zubereiten

GRILLZEIT
40–45 Min.

GRILLMETHODE
direkte/indirekte Hitze

1 Den Grill für direkte starke Hitze (220–240 °C) vorbereiten (Holzkohlegrill s. S. 10, Gasgrill s. S. 12). Den Dutch Oven bei geschlossenem Grilldeckel 12–15 Min. vorheizen.

2 Inzwischen das Maishähnchen trocken tupfen, dann innen und außen mit Meersalz würzen. Die Zwiebel schälen und würfeln. Das Suppengemüse putzen, gegebenenfalls schälen und je nach Beschaffenheit in 1 cm große Würfel schneiden.

3 Das Öl in den vorgeheizten Dutch Oven gießen und darin das Maishähnchen bei geschlossenem Grilldeckel von allen Seiten 6–8 Min. kräftig anbraten. Danach Zwiebel- und Gemüsewürfel sowie die Lorbeerblätter zugeben und bei geschlossenem Grilldeckel 2–3 Min. mitbraten.

4 Den Suppenansatz mit 1,2–1,5 l heißem Wasser aufgießen. Den Grill für indirekte mittlere bis starke Hitze (180–190 °C) vorbereiten. Den Dutch Oven mit dem Deckel verschließen und die Hühnersuppe bei geschlossenem Grilldeckel 30–35 Min. köcheln lassen.

5 Die Petersilie verlesen, kalt abbrausen, trocken schütteln und die Blätter samt Stielen fein schneiden.

6 Den Dutch Oven-Deckel 8–10 Min. vor Ende der Grillzeit abnehmen, Muschelnudeln und die klein geschnittene Petersilie in die Suppe rühren. Anschließend die Hühnernudelsuppe im verschlossenen Topf und bei geschlossenem Grilldeckel fertig garen. Zum Servieren mit Meersalz und schwarzem Pfeffer aus der Mühle würzen.

TIPP

Für eine knusprige Haut legt ihr das Hähnchen, sobald ihr die Muschelnudeln zugebt, auf den Rost und grillt es dort indirekt weiter. Vorher noch 1 Eigelb mit 2 EL Milch und ½ TL edelsüßem Paprikapulver verquirlen und das Hähnchen damit während der letzten Grillphase einpinseln.

HACKFLEISCH-LAUCH-SUPPE

Für einen extra Geschmacksbooster könnt ihr die Suppe mit 150 g geriebenem Bergkäse verfeinern. Den Käse einfach kurz vor dem Servieren in die Suppe rühren.

FÜR 6–8 PERSONEN

4 feine rohe Kalbsbratwürste (je 120 g)
2 Stangen Lauch
300 g mehligkochende Kartoffeln
2–3 rote Spitzpaprikas
3–4 EL Öl
1,2–1,5 l heiße Kalbs- oder Geflügelbrühe
150 g Sahne
1–2 EL Crème fraîche
Meersalz
schwarzer Pfeffer aus der Mühle

ZUBEHÖR

Weber's Dutch Oven

VORBEREITUNG
15–20 Min. zubereiten

GRILLZEIT
35–40 Min.

GRILLMETHODE
direkte/indirekte Hitze

1 Den Grill für direkte starke Hitze (220–240 °C) vorbereiten (Holzkohlegrill s. S. 10, Gasgrill s. S. 12). Den Dutch Oven 12 bis 15 Min. vorheizen.

2 Den Darm der Bratwürste entfernen. Das Brät in eine Schüssel geben und vermengen. Mit angefeuchteten Händen die Masse zu 3–4 cm großen Bällchen formen.

3 Den Lauch putzen, waschen, trocken tupfen, der Länge nach vierteln und quer in 1–2 cm breite Stücke schneiden. Die Kartoffeln schälen und grob reiben. Die Spitzpaprikas putzen, waschen, trocken tupfen, der Länge nach halbieren, entkernen und klein würfeln.

4 Das Öl in den vorgeheizten Dutch Oven gießen und darin den Lauch, die geriebenen Kartoffeln und die Paprikawürfel 5 bis 6 Min. unter Rühren anbraten.

5 Den Ansatz mit der heißen Brühe aufgießen. Den Grill für indirekte mittlere bis starke Hitze (180–190 °C) vorbereiten. Den Dutch Oven mit dem Deckel verschließen und die Suppe bei geschlossenem Grilldeckel 30–35 Min. köcheln lassen.

6 Den Dutch Oven-Deckel 8–10 Min. vor Ende der Grillzeit abnehmen, die Kalbsbällchen einlegen und die Sahne angießen. Anschließend die Suppe im verschlossenen Topf bei geschlossenem Grilldeckel fertig garen. Zum Servieren die Crème fraîche einrühren und die Suppe mit Meersalz sowie schwarzem Pfeffer aus der Mühle würzen.

GOOD TO KNOW

Bei Suppen und Eintöpfen gilt folgendes Prinzip: Wenn der Geschmack der Hauptzutat, z. B. ein Hähnchen, in die Brühe gehen soll, wird der Suppenansatz mit einer kalten Flüssigkeit (Wasser, Brühe, Fond) aufgegossen und zum Kochen gebracht. Wenn der Geschmack in der Hauptzutat bleiben soll, muss mit heißer Flüssigkeit aufgegossen werden, damit das Hauptprodukt geschmacklich nicht auslaugt.

KESSELFLEISCHEINTOPF

Klassisches Kesselfleisch ist ein Eintopf, in dem nach der Schlachtung meist Koch- oder Schmorstücke des Schweins wie Bauchfleisch, Fleischabschnitte und Innereien eingekocht werden, um die höchstmögliche Verwertung des Tiers zu garantieren: das „From Nose to Tail"-Prinzip.

FÜR 6–8 PERSONEN

1,2–1,5 kg Schweinebauch mit Schwarte
Meersalz
500 g mehligkochende Kartoffeln
400 g Weißkohl
2 Möhren
1 Stange Lauch
2 Zwiebeln
3–4 EL Öl
150 g gewürfelter Speck
3 Lorbeerblätter
1 TL Kümmel
1,5–1,8 l heiße Gemüse- oder Geflügelbrühe
4 Eigelb (M)
3 EL Speisestärke
Meersalz
schwarzer Pfeffer aus der Mühle

ZUBEHÖR

Weber's Dutch Oven
Kartoffelpresse

VORBEREITUNG
25–30 Min. zubereiten

GRILLZEIT
ca. 1 Std. 45 Min.

GRILLMETHODE
direkte/indirekte Hitze

1 Den Grill für direkte starke Hitze (220–240 °C) vorbereiten (Holzkohlegrill s. S. 10, Gasgrill s. S. 12). Den Dutch Oven bei geschlossenem Grilldeckel 12–15 Min. vorheizen.

2 Das Bauchfleisch trocken tupfen und die Schwarte mit einem scharfen Messer im Abstand von 1 cm bis zur Fettauflage einschneiden. Danach das Fleisch der Länge nach in 3–4 cm dicke Scheiben schneiden und kräftig mit Meersalz würzen. Die Kartoffeln waschen und trocknen. Den Weißkohl putzen und klein schneiden. Die Möhren schälen und dritteln. Den Lauch putzen, waschen, trocken tupfen und in breite Stücke schneiden. Die Zwiebeln schälen, halbieren und in Spalten schneiden.

3 Das Öl in den Dutch Oven gießen und das Bauchfleisch, mit der Schwarte beginnend, bei geschlossenem Grilldeckel in 6 bis 8 Min. von allen Seiten anbraten. Speck, Kohl, Möhren, Lauch und die Lorbeerblätter zugeben und 3–5 Min. mitbraten. Den Kümmel einstreuen, den Ansatz mit heißer Brühe aufgießen.

4 Den Grill für indirekte mittlere bis starke Hitze (180–190 °C) vorbereiten. Den Dutch Oven mit dem Deckel verschließen und den Eintopf bei geschlossenem Grilldeckel 1 Std. 25 Min. bis 1 Std. 35 Min. garen. Die Kartoffeln in der indirekten Zone auf den Rost legen und mitgrillen.

5 Nach ca. 1 Std. die Kartoffeln vom Grill nehmen, leicht auskühlen lassen und halbieren. Schälen und durch die Kartoffelpresse drücken. Den Kartoffelschnee mit den Eigelben und der Speisestärke vermengen und mit Meersalz würzen.

6 Aus der Kartoffelmasse mit angefeuchteten Händen 3–4 cm große Knödel formen. Den Dutch Oven-Deckel 8–10 Min. vor Ende der Grillzeit abnehmen und die Knödel in den Topf geben. Den Eintopf im offenen Topf bei geschlossenem Grilldeckel fertig garen. Mit Meersalz und schwarzem Pfeffer würzen.

THE SKY'S THE LIMIT

POT & GRIDDLE

Im Topf, auf dem Deckel oder auf der Plancha grillen? Welche Zubereitungsmöglichkeiten mit diesen Tools drin sind, zeigen wir euch in diesem Kapitel und haben dafür die unterschiedlichsten Rezepte entwickelt. Hier kommt garantiert keine Langeweile auf, dafür unbegrenztes Grillvergnügen!

PAPAS ARRUGADAS MIT ESTRAGON-MAYONNAISE

Die kanarischen Kartoffeln werden traditionell in Meerwasser gekocht. Bei der Zubereitung verdampft das Wasser, und es bildet sich ein feiner Meersalzmantel um die Kartoffeln, der sie wunderbar würzig macht.

FÜR 4 PERSONEN

1 kg kleine festkochende Kartoffeln
4 Lorbeerblätter
Meersalz
½ Bund Estragon
1 Knoblauchzehe
1 TL Estragonsenf
1 ganz frisches Bio-Ei (M)
Saft von ½ Zitrone
200 ml Öl
schwarzer Pfeffer aus der Mühle

ZUBEHÖR

Weber's Dutch Oven-Deckel oder Plancha
Pürierstab

VORBEREITUNG
10 Min. zubereiten

GRILLZEIT
30–35 Min.

GRILLMETHODE
direkte Hitze

vegetarisch

1 Den Grill für direkte mittlere bis starke Hitze (190–210 °C) vorbereiten (Holzkohlegrill s. S. 10, Gasgrill s. S. 12).

2 Die Kartoffeln waschen, trocken reiben und auf den Deckel des Dutch Oven geben. Die Lorbeerblätter einreißen und dazulegen. 1–2 EL Meersalz mit 500 ml lauwarmem Wasser so lange verrühren, bis es sich vollständig aufgelöst hat.

3 Den Dutch Oven-Deckel mit den Kartoffeln auf den Rost stellen, die Kartoffeln mit dem Meersalzwasser übergießen und bei geschlossenem Grilldeckel 30–35 Min. garen.

4 Nach 15–20 Min. prüfen, ob noch genug Wasser im Deckel ist. Gegebenenfalls mit 150–200 ml lauwarmem Wasser aufgießen und die Kartoffeln wenden. Das Wasser so lange einkochen, bis es vollständig verdunstet ist und sich ein weißer Belag am Deckelboden bildet.

5 Inzwischen den Estragon verlesen, kalt abbrausen und trocken schütteln. Die Blätter von den Stielen zupfen und sehr fein schneiden. Den Knoblauch schälen. Den Estragon zusammen mit Knoblauch, Senf, Ei und dem Saft der Zitrone in einen hohen Mixbecher geben.

6 Das Öl zuerst tröpfchenweise, danach in dünnem Strahl mit dem Pürierstab einarbeiten und die Estragon-Mayonnaise mit Meersalz sowie schwarzem Pfeffer aus der Mühle würzen. Zu den Papas arrugadas servieren.

TIPP

Alle Zutaten für die Mayonnaise sollten Raumtemperatur haben, damit sie bei der Zubereitung perfekt emulgieren, sich also verbinden.

RASPBERRY CHICKEN

Der Sesam verleiht dem Raspberry Chicken ein feines Aroma. Beim Anbraten mit Sesamöl solltet ihr ungeröstetes Sesamöl verwenden, da geröstete Öle verbrennen und bitter werden können.

FÜR 4 PERSONEN

4 Hähnchenschenkel ohne Rückenstück (je 250–320 g)
Meersalz
2–3 EL ungeröstetes Sesamöl
800 g rote Zwiebeln
1 EL Butter
200 ml Rote-Bete-Saft
200 ml Himbeersaft
400 ml heiße Geflügelbrühe
200 g TK-Himbeeren
1 EL geröstete schwarze Sesamsamen
schwarzer Pfeffer aus der Mühle

ZUBEHÖR

Weber's Dutch Oven

VORBEREITUNG
15 Min. zubereiten

GRILLZEIT
40–45 Min.

GRILLMETHODE
direkte Hitze

RUHEZEIT
3–5 Min.

1 Den Grill für direkte mittlere bis starke Hitze (190–210 °C) vorbereiten (Holzkohlegrill s. S. 10, Gasgrill s. S. 12). Den Dutch Oven bei geschlossenem Grilldeckel 12–15 Min. vorheizen.

2 Die Hähnchenschenkel rundherum mit Meersalz würzen. Das Sesamöl in den vorgeheizten Dutch Oven gießen und darin die Hähnchenschenkel mit der Hautseite nach unten bei geschlossenem Grilldeckel 6–8 Min. kräftig anbraten.

3 Inzwischen die Zwiebeln schälen und vierteln. Die Hähnchenschenkel wenden, Zwiebeln und Butter dazugeben und bei geschlossenem Grilldeckel 3–5 Min. unter gelegentlichem Rühren mitgrillen.

4 Danach mit Bete-, Himbeersaft und heißer Geflügelbrühe aufgießen, den Dutch Oven mit dem Deckel verschließen und die Zutaten bei geschlossenem Grilldeckel 30–35 Min. schmoren.

5 Etwa 10 Min. vor Grillzeitende die Hähnchenschenkel mit dem Sud übergießen, die Himbeeren im Sud verteilen und das Raspberry Chicken im offenen Topf bei geschlossenem Grilldeckel fertig schmoren.

6 Den Dutch Oven vom Grill nehmen und das Rasperry Chicken im Topf 3–5 Min. ruhen lassen. Zum Servieren mit geröstetem schwarzem Sesam bestreuen und mit Meersalz sowie schwarzem Pfeffer aus der Mühle würzen.

TIPP

Wenn ihr mehrere Hähnchenschenkel im Dutch Oven zubereiten möchtet, solltet ihr sie nacheinander anbraten. Die Grillzeit verlängert sich um 10–15 Minuten.

OSSOBUCO AU VIN BLANC

Die Silberhaut des italienischen Klassikers solltet ihr gewissenhaft entfernen, damit sich die Beinscheiben beim Anbraten nicht zusammenziehen. „Knochen mit Loch", so die Übersetzung von Ossobuco, hört sich nicht gerade schmeichelhaft an, ist aber geschmacklich eine Delikatesse.

FÜR 4 PERSONEN

1 Kalbshaxe (2–2,5 kg), in 4–5 Scheiben geschnitten, oder 4–5 Beinscheiben vom Kalb (je 3–4 cm dick)
2 Zwiebeln
4 Knoblauchzehen
500 g Suppengemüse (z. B. Petersilienwurzel, Möhren, Lauch, Sellerie, Petersilie)
Meersalz
Mehl zum Wenden
3–4 EL Öl
200 ml Weißwein
1,5 l heiße Kalbs- oder Geflügelbrühe
200 g grobe Graupen
1–2 EL Butter
15 g geriebener Parmesan
schwarzer Pfeffer aus der Mühle

ZUBEHÖR

Weber's Dutch Oven

VORBEREITUNG
25 Min. zubereiten

GRILLZEIT
ca. 2 Std.

GRILLMETHODE
direkte/indirekte Hitze

1 Den Grill für direkte mittlere bis starke Hitze (190–210 °C) vorbereiten (Holzkohlegrill s. S. 10, Gasgrill s. S. 12). Den Dutch Oven bei geschlossenem Grilldeckel 12–15 Min. vorheizen.

2 Die Silberhaut der Beinscheiben entfernen. Zwiebeln und Knoblauchzehen schälen und fein würfeln. Das Suppengemüse putzen, gegebenenfalls schälen und je nach Beschaffenheit fein würfeln oder klein schneiden. Die Petersilie von dem Suppengemüse verlesen, kalt abbrausen, trocken schütteln, sehr fein schneiden und beiseitelegen.

3 Die Beinscheiben rundherum mit Meersalz würzen und in Mehl wenden. Das Öl in den vorgeheizten Dutch Oven gießen, das überschüssige Mehl der Beinscheiben abklopfen und die Scheiben bei geschlossenem Grilldeckel in 12–15 Min. kräftig anbraten, dabei einmal wenden.

4 Das vorbereitete Gemüse zu den Beinscheiben geben, mit Weißwein ablöschen und mit der heißen Brühe auffüllen. Den Grill für indirekte mittlere Hitze (170–180 °C) vorbereiten. Den Dutch Oven mit dem Deckel verschließen und das Ossobuco bei geschlossenem Grilldeckel 1,5–2 Std. schmoren.

5 Etwa 20 Min. vor Grillzeitende die Graupen zugeben und im verschlossenen Topf bei geschlossenem Grilldeckel mitgaren.

6 Das fertige Ossobuco auf die Teller verteilen, dann Butter und Parmesan in die Graupenmischung einrühren. Die Graupen neben dem Ossobuco anrichten, mit der Petersilie toppen und mit schwarzem Pfeffer aus der Mühle würzen.

TIPP

Den Schmorsud des Ossobuco könnt ihr noch ein wenig „adeln" und verfeinern, indem ihr 0,2–0,3 g Safranfäden 10–15 Minuten in den Weißwein einlegt, den ihr später zum Ablöschen verwendet.

GOOD TO KNOW

Durch die starke Hitzeeinwirkung karamellisiert die Oberfläche des Chicorée, weshalb die leichten Bitterstoffe dieses Wintergemüses nussige Aromen annehmen.

VORBEREITUNG
15–20 Min. zubereiten

GRILLZEIT
15–20 Min.

GRILLMETHODE
direkte Hitze

vegetarisch

CHICORÉE MIT BUTTERSAUCE

Er wird geliebt und doch auch verkannt – der Chicorée! Gegrillt oder gebraten zeigt er erst seine wahre Geschmacksvielfalt!

FÜR 4 PERSONEN

4 Chicorée
250 g braune Champignons
80 g junger Blattspinat
Saft von 1 Zitrone
25 ml Gemüsebrühe
1 TL Worcestersauce
4 Eigelb (M)
200 g Butter, verflüssigt, plus 1–2 EL Butter
Meersalz
Cayennepfeffer
2–3 EL Öl
schwarzer Pfeffer aus der Mühle

ZUBEHÖR

Weber's Dutch Oven-Deckel oder Plancha
feuerfester kleiner Topf (mind. 500 ml Inhalt)

1 Den Grill für direkte mittlere bis starke Hitze (190–210 °C) vorbereiten (Holzkohlegrill s. S. 10, Gasgrill s. S. 12). Den Deckel des Dutch Oven bei geschlossenem Grilldeckel 8–10 Min. vorheizen.

2 Den Chicorée putzen und der Länge nach halbieren. Dann so viel vom (bitteren) Strunk keilförmig herausschneiden, dass die Blätter noch zusammenhalten. Die Champignons putzen, gegebenenfalls abbürsten und halbieren. Den Spinat verlesen, waschen und trocken schleudern.

3 Zitronensaft, Brühe, Worcestersauce und die Eigelbe in den feuerfesten Topf geben, den Topf auf den Grillrost oder Seitenkocher stellen und die Zutaten mit einem Schneebesen in mehreren Minuten dickschaumig aufschlagen, dabei gelegentlich von der Hitzequelle nehmen, aber weiterschlagen.

4 Sobald die Mischung eine cremige Konsistenz annimmt (75 bis 78 °C), die flüssige Butter zuerst tröpfchenweise, danach in dünnem Strahl unterschlagen und die Sauce mit Meersalz sowie Cayennepfeffer würzen.

5 Jetzt das Öl auf den Dutch Oven-Deckel gießen und darin den Chicorée mit den Schnittflächen nach unten bei geschlossenem Grilldeckel 3–4 Min. grillen. Wenden, 1–2 EL Butter und die Pilze zugeben und bei geschlossenem Grilldeckel weitere 5–6 Min. grillen, dabei die Pilze gelegentlich umrühren.

6 Kurz vor Grillzeitende zwei Drittel des Spinats zugeben und leicht zusammenfallen lassen. Das Gemüse mit Meersalz sowie schwarzem Pfeffer aus der Mühle würzen. Zum Servieren die Buttersauce großzügig über dem Chicorée verteilen und das Gemüse mit dem restlichen Spinat toppen.

KARTOFFELOMELETTE

Festkochende Kartoffeln eignen sich am besten, wenn ihr geriebene, geraspelte oder gehobelte Kartoffeln kurz auf der Plancha beziehungsweise auf dem Deckel des Dutch Oven grillen wollt.

FÜR 2–4 PERSONEN

400 g festkochende Kartoffeln
4 Eier (M)
Meersalz
schwarzer Pfeffer aus der Mühle
½ Bund Schnittlauch
200 g bunte Kirschtomaten (mit Rispen)
120 g Kräutersalat
3–4 EL Olivenöl
Saft von ½ Zitrone

ZUBEHÖR

Plancha

VORBEREITUNG
15–20 Min. zubereiten

GRILLZEIT
10–15 Min.

GRILLMETHODE
direkte Hitze

vegetarisch

1 Den Grill für direkte mittlere bis starke Hitze (190–210 °C) vorbereiten (Holzkohlegrill s. S. 10, Gasgrill s. S. 12). Die Plancha bei geschlossenem Grilldeckel 8–10 Min. vorheizen.

2 Die Kartoffeln schälen und grob raspeln. Die Eier verquirlen und mit Meersalz sowie schwarzem Pfeffer aus der Mühle würzen. Den Schnittlauch kalt abbrausen, trocken schütteln und in feine Röllchen schneiden. Die Hälfte des Schnittlauchs in die verquirlten Eier rühren.

3 Die Tomaten von den Rispen zupfen, waschen, trocken tupfen und vierteln. Den Kräutersalat verlesen, waschen und trocken schleudern.

4 Die Kartoffelraspel in 8 gleich große Portionen teilen. Das Olivenöl auf die vorgeheizte Plancha gießen, 4 Portionen geraspelte Kartoffeln auf die Plancha geben und aus jeder Portion ein 4–6 cm breites und ca. 20 cm langes Rösti formen. Die Röstis bei geschlossenem Grilldeckel 3–5 Min. grillen. Anschließend wenden, auf 2 Röstis jeweils ein Viertel der verquirlten Eier gießen und bei geschlossenem Grilldeckel 2–3 Min. backen.

5 Die beiden mit Ei überbackenen Kartoffelomelettes auf zwei Teller verteilen, mit jeweils einem Viertel der Tomaten und des Salats toppen, mit je einem Viertel des Zitronensafts beträufeln und mit einem Viertel des übrigen Schnittlauchs toppen. Anschließend die ohne Ei gebackenen Röstis auf den Tellern anrichten und mit Meersalz würzen.

6 Die restlichen 4 Portionen Kartoffelraspel genauso backen und auf den Tellern anrichten.

TIPP

Die Estragon-Mayonnaise von Seite 80 passt hier hervorragend. Wenn es mal schnell gehen muss, könnt ihr eure Kartoffelomelettes aber auch mit Crème fraîche toppen.

TIPP

Wenn ihr häufig grillt, bleiben immer auch mal Reste von Fleisch oder Geflügel übrig. Bewahrt sie möglichst flach im Tiefkühlfach auf und plant zwischendurch Weber's Gröstl ein. Dazu die gefrorenen Abschnitte oder Reste über Nacht im Kühlschrank auftauen und das Gröstl dann am nächsten Tag zubereiten.

WEBER'S GRÖSTL

Das Gröstl ist ein prima Resteverwerter, wenn ihr zum Beispiel Pellkartoffeln, Bratenreste oder gegrilltes Fleisch übrig habt. Die Tiroler Spezialität lässt sich auf alle mögliche Weise abwandeln, Hauptsache, ihr bleibt auf der herzhaften Seite.

FÜR 4 PERSONEN

300 g mittelgroße festkochende Kartoffeln, bissfest vorgegart
300 g lila Kartoffeln, bissfest vorgegart
2 Zwiebeln
200 g Bratenreste oder gegrillte Fleischabschnitte (s. Tipp)
½ Bund glatte Petersilie
3–4 EL Öl
150 g Speckwürfel
2 EL Butter
Meersalz
schwarzer Pfeffer aus der Mühle
4 Eier (M)

ZUBEHÖR

Dutch Oven-Deckel oder Plancha

VORBEREITUNG
15–20 Min. zubereiten

GRILLZEIT
ca. 15 Min.

GRILLMETHODE
direkte Hitze

1 Den Grill für direkte mittlere bis starke Hitze (190–210 °C) vorbereiten (Holzkohlegrill s. S. 10, Gasgrill s. S. 12). Den Deckel des Dutch Oven bei geschlossenem Grilldeckel 8–10 Min. vorheizen.

2 Die vorgegarten Kartoffeln in 0,5–1 cm dicke Scheiben schneiden. Die Zwiebeln schälen, vierteln und in feine Streifen schneiden. Die Bratenreste in 1–2 cm große Würfel schneiden.

3 Die Petersilie verlesen, kalt abbrausen, trocken schütteln und die Blätter samt Stielen sehr fein schneiden.

4 Das Öl auf den vorgeheizten Deckel des Dutch Oven gießen, die Kartoffelscheiben gleichmäßig auf dem Deckel verteilen und bei geschlossenem Grilldeckel 4–6 Min. grillen, dabei gelegentlich wenden.

5 Danach die Speckwürfel zugeben und bei geschlossenem Grilldeckel 3–4 Min. mitgrillen. Zwiebelstreifen, Bratenfleisch und Butter zugeben, alles mit Meersalz sowie schwarzem Pfeffer aus der Mühle würzen und das Gröstl bei geschlossenem Grilldeckel weitere 4–6 Min. grillen.

6 Das Gröstl auf vorgewärmte Teller verteilen. Die Eier aufschlagen, auf den Dutch Oven-Deckel gleiten lassen und bei geöffnetem Grilldeckel in 2–3 Min. zu Spiegeleiern braten. Die Spiegeleier auf die Teller verteilen, mit Meersalz und schwarzem Pfeffer aus der Mühle würzen und mit der fein geschnittenen Petersilie toppen.

COUNTER TOASTIES

Wählt die Konfitüre nach eurem Geschmack aus. Wem die Kombination zu süß sein sollte, lässt die Konfitüre einfach weg und ersetzt sie beispielsweise durch Frischkäse.

FÜR 4 PERSONEN

4 Toastbrötchen
2 EL Butter, raumtemperiert
2 rote Spitzpaprikas
½ Bund glatte Petersilie
12 Scheiben Frühstücksspeck
3–4 EL Öl
Meersalz
schwarzer Pfeffer aus der Mühle
2 EL Konfitüre (nach Geschmack)
4 Eier (M)

ZUBEHÖR

Weber's Dutch Oven-Deckel oder Plancha

VORBEREITUNG
10–15 Min. zubereiten

GRILLZEIT
10–15 Min.

GRILLMETHODE
direkte Hitze

1 Den Grill für direkte mittlere bis starke Hitze (190–210 °C) vorbereiten (Holzkohlegrill s. S. 10, Gasgrill s. S. 12). Den Deckel des Dutch Oven bei geschlossenem Grilldeckel 8–10 Min. vorheizen.

2 Die Toastbrötchen aufschneiden und die Schnittflächen dünn mit Butter bestreichen. Die Spitzpaprikas putzen, waschen, trocken tupfen, der Länge nach halbieren, entkernen und in schmale Streifen schneiden.

3 Die Petersilie verlesen, kalt abbrausen, trocken schütteln und die Blätter samt Stielen sehr fein schneiden. Die Speckscheiben auf dem vorgeheizten Deckel des Dutch Oven bei geschlossenem Grilldeckel in 4–6 Min. knusprig grillen, dabei einmal wenden. Auf Küchenpapier abtropfen lassen.

4 Jetzt die Paprikastreifen auf den Deckel des Dutch Oven geben und bei geschlossenem Grilldeckel 4–5 Min. grillen, dabei gelegentlich umrühren und mit Meersalz sowie schwarzem Pfeffer aus der Mühle würzen.

5 Gleichzeitig die Toastbrötchen zuerst mit den ungebutterten Seiten nach unten auf den Grillrost legen und leicht Farbe annehmen lassen. Danach wenden und die Schnittflächen auf Sicht anrösten.

6 Die Böden der Toasties mit Konfitüre bestreichen, mit Paprikastreifen belegen und mit je 3 Speckscheiben toppen. Das Öl in den Dutch Oven-Deckel gießen, die Eier aufschlagen, auf den Deckel gleiten lassen und bei geöffnetem Grilldeckel in 2–3 Min. zu Spiegeleiern braten. Die Eier mit Meersalz und schwarzem Pfeffer würzen, auf den Speck legen, mit Petersilie bestreuen und mit den Toastie-Deckeln abschließen.

TIPP

Für ein weiteres süßes Topping könnt ihr die Schnittflächen der Toastie-Deckel zusätzlich mit Erdnussbutter bestreichen.

MARENGO-HUHN

Napoleon soll im Juni 1800 nach der Schlacht von Marengo in Norditalien dieses Schmorgericht verspeist haben und derart begeistert gewesen sein, dass er es nach dem Ort seines Sieges taufte. Heute ist Huhn Marengo ein Klassiker der französischen Küche.

FÜR 4–6 PERSONEN

1 Maishähnchen (1–1,2 kg), küchenfertig vorbereitet
5–6 EL Olivenöl
Meersalz
300 g weiße Champignons
2 Zwiebeln
4 Knoblauchzehen
4 Tomaten
½ Bund glatte Petersilie
2 EL getrocknete Kräuter der Provence
1 Dose stückige Tomaten (400 g Inhalt)
800 ml heiße Geflügelbrühe
schwarzer Pfeffer aus der Mühle

ZUBEHÖR

Weber's Dutch Oven

VORBEREITUNG
20–25 Min. zubereiten

GRILLZEIT
ca. 1 Std.

GRILLMETHODE
direkte/indirekte Hitze

1 Den Grill für direkte starke Hitze (220–240 °C) vorbereiten (Holzkohlegrill s. S. 10, Gasgrill s. S. 12). Den Dutch Oven bei geschlossenem Grilldeckel 12–15 Min. vorheizen.

2 Das Hähnchen auf die Brustseite legen und das Rückgrat mit einer Schere herausschneiden. Das Hähnchen halbieren, die Keulen abtrennen, Ober- und Unterschenkel am Gelenk durchschneiden. Die Hähnchenflügel abschneiden. Die Hähnchenbrüste jeweils in 3 gleich große Stücke teilen. Die Hähnchenteile von allen Seiten mit 1–2 EL Olivenöl einreiben und mit Meersalz würzen.

3 Pilze putzen und in Scheiben schneiden. Zwiebeln und Knoblauch schälen, fein würfeln. Tomaten waschen, trocken tupfen, halbieren, den Stielansatz entfernen, Tomatenhälften vierteln, die Kerne entfernen und beiseitelegen, die Filets würfeln.

4 Petersilie verlesen, kalt abbrausen, trocken schütteln, die Blätter samt Stielen sehr fein schneiden. 4–5 EL Olivenöl in den Dutch Oven geben und die Hähnchenteile, beginnend mit der Hautseite, bei geschlossenem Grilldeckel 6–8 Min. anbraten, dabei einmal wenden.

5 Pilze, Zwiebeln und Knoblauch zugeben und bei geschlossenem Grilldeckel 5–6 Min. mitbraten. Mit den trockenen Kräutern bestreuen, stückige Tomaten und die Tomatenkerne einrühren und mit Brühe aufgießen. Mit Meersalz und schwarzem Pfeffer würzen und den Dutch Oven mit dem Deckel verschließen.

6 Den Grill für indirekte mittlere Hitze (150–170 °C) vorbereiten. Das Marengo-Huhn bei geschlossenem Grilldeckel 35 bis 40 Min. schmoren. 2–3 Min. vor Grillzeitende den Dutch Oven-Deckel abnehmen und das Marengo-Huhn mit Tomatenwürfeln und Petersilie toppen. Noch einmal nachwürzen.

TIPP

Für einen extra Crunch könnt ihr das Marengo-Huhn noch mit knusprigen Toastbrotwürfeln bestreut servieren. Dafür Toastbrotscheiben ohne Rinde 1 cm groß würfeln und zusammen mit 1–2 EL geschmolzener Butter so lange in der Pfanne rösten, bis sie gleichmäßig goldbraun sind. Auf Küchenpapier abtropfen lassen.

WURST-KARTOFFEL-TOPF

Holt euch frische Bratwürste vom Metzger und am besten diejenigen, die ihr sonst auch immer grillt, denn der Salzgehalt von Würsten kann ganz schön unterschiedlich sein. Ansonsten solltet ihr beim Würzen der Kartoffeln einfach etwas vorsichtiger sein. Crème fraîche, saure Sahne, Frischkäse oder Quark sind schöne cremige Begleiter zu eurem Wurst-Kartoffel-Topf.

FÜR 4–6 PERSONEN

1–1,2 kg große festkochende Kartoffeln
3 rote Zwiebeln
1 Bund glatte Petersilie
2 EL Butterschmalz (Butter ohne Molke), raumtemperiert
Meersalz
schwarzer Pfeffer aus der Mühle
6 grobe Bratwürste (je ca. 120 g)
1 TL Kümmel
2–3 EL Butter

ZUBEHÖR

Weber's Dutch Oven

VORBEREITUNG
20–25 Min. zubereiten

GRILLZEIT
ca. 50 Min.

GRILLMETHODE
indirekte Hitze

1 Den Grill für indirekte mittlere bis starke Hitze (180–200 °C) vorbereiten (Holzkohlegrill s. S. 10, Gasgrill s. S. 12).

2 Die Kartoffeln schälen und grob raspeln. Die Zwiebeln schälen, halbieren und in dünne Spalten schneiden. Die Petersilie verlesen, kalt abbrausen, trocken schütteln und die Blätter samt Stielen fein schneiden. Bis zum Servieren beiseitestellen.

3 Den Dutch Oven innen mit dem Butterschmalz ausreiben und das restliche Schmalz auf dem Topfboden verteilen. Den Dutch Oven mit der Hälfte der geraspelten Kartoffeln auslegen. Mit Meersalz und schwarzem Pfeffer aus der Mühle würzen.

4 Bratwürste und Zwiebeln auf dem Kartoffelbett verteilen, den Kümmel darüberstreuen und mit der anderen Hälfte der geraspelten Kartoffeln bedecken.

5 Darauf flöckchenweise die Butter setzen und die Kartoffeln mit Meersalz sowie schwarzem Pfeffer aus der Mühle würzen. Den Dutch Oven mit dem Deckel verschließen und den Wurst-Kartoffel-Topf bei geschlossenem Grilldeckel 30–35 Min. garen.

6 Anschließend den Deckel des Dutch Oven abnehmen und den Wurst-Kartoffel-Topf bei geschlossenem Grilldeckel in 20 Min. fertig grillen. Zum Servieren mit der Petersilie toppen.

3

4

4

SLOPPY LASAGNE

Frischer Nudelteig spart Zeit, ist aber meist etwas zu dick. Deshalb solltet ihr ihn auf einer bemehlten Arbeitsfläche zu doppelter Größe ausrollen.

FÜR 6–8 PERSONEN

2 Zwiebeln
2 Knoblauchzehen
5–6 EL Olivenöl
800 ml heiße Gemüsebrühe
2 Dosen stückige Tomaten (je 400 g Inhalt)
250 g Tellerlinsen, mind. 6 Std. in Wasser eingeweicht
1 Bund glatte Petersilie
Meersalz
Cayennepfeffer
2 Rollen frischer Nudelteig (je 250–300 g; Kühlregal) oder 12 frische Lasagneplatten
Mehl zum Arbeiten
300 g geriebener Käse (z. B. Cheddar, Emmentaler, Bergkäse)

ZUBEHÖR

Weber's Dutch Oven

VORBEREITUNG
25–30 Min. zubereiten
mind. 6 Std. Einweichzeit

GRILLZEIT
1 Std.–1 Std. 15 Min.

GRILLMETHODE
direkte/indirekte Hitze

vegetarisch

1 Den Grill für direkte starke Hitze (220–240 °C) vorbereiten (Holzkohlegrill s. S. 10, Gasgrill s. S. 12). Den Dutch Oven bei geschlossenem Grilldeckel 12–15 Min. vorheizen.

2 Zwiebeln und Knoblauch schälen und sehr fein würfeln. 2 bis 3 EL Olivenöl in den vorgeheizten Dutch Oven geben und die Zwiebel- und Knoblauchwürfel darin bei geschlossenem Grilldeckel 3–4 Min. andünsten, dabei gelegentlich umrühren. Mit heißer Gemüsebrühe ablöschen und mit stückigen Tomaten auffüllen. Die Linsen zugeben und die Mischung bei geschlossenem Grilldeckel in 3–4 Min. zum Kochen bringen.

3 Sobald die Linsen kochen, den Grill für indirekte mittlere bis starke Hitze (180–190 °C) vorbereiten. Die Linsensauce anschließend bei geschlossenem Grilldeckel 8–10 Min. einkochen lassen, dabei gelegentlich umrühren. Inzwischen die Petersilie verlesen, kalt abbrausen, trocken schütteln und die Blätter samt Stielen fein schneiden.

4 Die Linsensauce vom Grill nehmen, mit Meersalz und Cayennepfeffer würzen. Danach die Sauce umfüllen, den Dutch Oven säubern und mit dem restlichen Olivenöl ausreiben.

5 Die Nudelteige auf der bemehlten Arbeitsfläche zu doppelter Größe ausrollen und jeweils in 2 gleich große Teigblätter teilen. Den Dutch Oven mit 1 der 4 Teigblätter auslegen, den Teig mit einem Viertel der Linsensauce übergießen und mit einem Viertel des geriebenen Käses toppen. Fortfahren, bis 4 Schichten entstanden sind, und mit dem übrigen Käse abschließen.

6 Den Dutch Oven mit dem Deckel verschließen und die Lasagne in der indirekten Zone bei geschlossenem Grilldeckel 50 bis 55 Min. garen. 15–20 Min. vor Grillzeitende den Deckel des Dutch Oven abnehmen und die Lasagne bei geschlossenem Grilldeckel fertig garen. Zum Servieren mit der klein geschnittenen Petersilie bestreuen.

TIPP

Die Lasagne wird besonders cremig, wenn ihr zusätzlich 250 g Crème fraîche zwischen die vier Lasagneschichten einarbeitet.

HACKFLEISCHSTRUDEL MIT SAUERKRAUT

Je besser die Qualität des Bratwurstbräts ist, umso köstlicher wird euer Strudel. Bei der Verarbeitung des Strudelteigs solltet ihr euch ein wenig beeilen, denn er trocknet sehr schnell aus.

FÜR 6–8 PERSONEN

1 Bund glatte Petersilie
1 kg frisches Bratwurstbrät (von 8–9 Kalbs-, Rinds- oder Schweinsbratwürsten)
Meersalz
schwarzer Pfeffer aus der Mühle
600 g Sauerkraut
4 Strudelteigblätter (ca. 30 × 40 cm; Kühlregal)
150 ml flüssige Butter (entspricht ca. 135 g fester Butter)
300 g geriebener Käse (z. B. Cheddar, Emmentaler, Bergkäse)

ZUBEHÖR

Weber's Dutch Oven

VORBEREITUNG
20–25 Min. zubereiten

GRILLZEIT
ca. 50 Min.

GRILLMETHODE
indirekte Hitze

1 Den Grill für indirekte mittlere bis starke Hitze (190–210 °C) vorbereiten (Holzkohlegrill s. S. 10, Gasgrill s. S. 12).

2 Die Petersilie verlesen, kalt abbrausen, trocken schütteln und die Blätter samt Stielen sehr fein schneiden. Das Brät nach Geschmack mit Meersalz und schwarzem Pfeffer aus der Mühle würzen und die Petersilie untermengen. Das Sauerkraut nach Belieben kurz kalt abbrausen und kräftig ausdrücken.

3 2 Strudelteigblätter an den kurzen Seiten leicht überlappend auf die Arbeitsfläche geben und mit etwas flüssiger Butter einpinseln. Darauf die beiden anderen Strudelteigblätter der Länge nach und leicht überlappend legen und ebenfalls mit etwas flüssiger Butter einpinseln. Das gewürzte Bratwurstbrät auf dem Strudelteig verteilen, dabei rundherum 2 cm vom Rand aussparen.

4 Das Sauerkraut auf dem Brät verteilen und den Strudel von der unteren Längsseite her aufrollen. Den Dutch Oven am Boden und an den Seiten mit 1–2 EL flüssiger Butter einpinseln und den Strudel kreisrund vorsichtig hineinlegen.

5 Den Strudel mit der restlichen flüssigen Butter einpinseln und mit geriebenem Käse bestreuen.

6 Den Dutch Oven mit dem Deckel verschließen und den Hackfleischstrudel bei geschlossenem Grilldeckel 50–55 Min. grillen. 15–20 Min. vor Grillzeitende den Deckel des Dutch Oven abnehmen und den Strudel im offenen Topf bei geschlossenem Grilldeckel fertig grillen.

2

4

5

SALT CRUSTED VEGGIES

Das gegrillte unzerkleinerte Gemüse ist eine geschmackliche Offenbarung! Es hält sich im Kühlschrank einige Tage, sodass ihr daraus Salate, Antipasti, Dips und Toppings zubereiten könnt. Und das grobe Meersalz könnt ihr mehrfach verwenden.

FÜR 6–8 PERSONEN

1,2–1,5 kg gemischtes Gemüse (z. B. Zwiebeln, Möhren, Fenchel, Kohlrabi, kleine Kürbisse von 300–400 g, Bete, Petersilienwurzeln)
2,5–3 kg grobes Meersalz
Meersalz
schwarzer Pfeffer aus der Mühle
Olivenöl
Abrieb und Saft von 1 Bio-Zitrone

ZUBEHÖR

Weber's Dutch Oven
sauberes Baumwolltuch (ca. 60 × 60 cm)
Backpapier

VORBEREITUNG
10–15 Min. zubereiten

GRILLZEIT
1 Std. 30 Min.–2 Std.

GRILLMETHODE
indirekte Hitze

RUHEZEIT
15–20 Min.

vegan

1 Den Grill für indirekte mittlere bis starke Hitze (190–210 °C) vorbereiten (Holzkohlegrill s. S. 10, Gasgrill s. S. 12).

2 Das Gemüse unter fließendem kaltem Wasser waschen und gründlich trocknen. Das Baumwolltuch in klarem Wasser durchwaschen, anschließend kräftig auswringen. Den Boden des Dutch Oven mit Backpapier auslegen, ein Drittel des groben Meersalzes darauf verteilen, das Baumwolltuch mittig im Dutch Oven platzieren und die Seiten überhängen lassen.

3 Das Gemüse eng nebeneinander hineinlegen, das Tuch oben zusammenführen, eindrehen, verschließen und das restliche grobe Meersalz darauf verteilen.

4 Das Gemüse im offenen Dutch Oven und bei geschlossenem Grilldeckel in 1 Std. 30 Min.–2 Std. weich grillen. Danach den Dutch Oven vom Grill nehmen und das Gemüse 15–20 Min. im Topf ruhen lassen.

5 Anschließend das Meersalz abnehmen (ihr könnt es wiederverwenden), das gesamte Gemüse aus dem Baumwolltuch nehmen, je nach Beschaffenheit schälen und das Gemüse in mundgerechte Stücke schneiden.

6 Die Gemüsestücke auf vorgewärmte Teller verteilen und mit Meersalz sowie schwarzem Pfeffer aus der Mühle würzen. Mit Olivenöl beträufeln und mit dem Abrieb und Saft der Zitrone verfeinern. (Wer möchte, kann das Gemüse nach dem Portionieren noch einmal kurz über direkter Hitze im Dutch Oven-Deckel erwärmen.)

2

3

3

ERBSEN-FRITTATA MIT ZIEGENKÄSE

Das Schöne an dieser Frittata ist, dass ihr das köstliche italienische Omelette nicht wenden müsst. Die indirekte Hitze macht es möglich. **Mehr zu indirekter Hitze auf den Seiten 11 und 12.**

FÜR 4–6 PERSONEN

2 Zwiebeln
1–2 EL Butter
400 g TK-Erbsen
6 Eier (M)
200 g Sahne
Meersalz
Muskat aus der Mühle
schwarzer Pfeffer aus der Mühle
1 Rolle Ziegenkäse (ca. 150 g)
80 g Rucola
3–4 EL Olivenöl
1–2 Schalen Erbsenkresse (nach Geschmack)

ZUBEHÖR

Weber's Dutch Oven-Deckel

VORBEREITUNG
10–15 Min. zubereiten

GRILLZEIT
15–20 Min.

GRILLMETHODE
direkte/indirekte Hitze

vegetarisch

1 Den Grill für direkte mittlere bis starke Hitze (190–210 °C) vorbereiten (Holzkohlegrill s. S. 10, Gasgrill s. S. 12). Den Deckel des Dutch Oven bei geschlossenem Grilldeckel 8–10 Min. vorheizen.

2 Die Zwiebeln schälen und in feine Würfel schneiden. Die Butter zusammen mit den Zwiebelwürfeln auf den vorgeheizten Dutch Oven-Deckel geben und 3–5 Min. unter Rühren andünsten.

3 Anschließend die Erbsen dazugeben und bei geöffnetem Grilldeckel 3–5 Min. mitgaren. Die Eier mit der Sahne verquirlen und kräftig mit Meersalz, Muskat und schwarzem Pfeffer aus der Mühle würzen.

4 Den Grill für indirekte mittlere bis starke Hitze (180–190 °C) vorbereiten. Die verquirlten Eier über die Erbsen gießen und bei geschlossenem Grilldeckel in 8–10 Min. stocken lassen.

5 Inzwischen den Ziegenkäse in 6 gleich große Scheiben schneiden. Den Rucola verlesen, waschen und trocken schleudern.

6 Die fertige Frittata mit den Ziegenkäsescheiben belegen und mit Rucola bestreuen. Mit Olivenöl beträufeln und mit Meersalz sowie schwarzem Pfeffer aus der Mühle würzen. Vor dem Servieren mit gezupfter Erbsenkresse verfeinern.

TIPP

Dieses italienische Omelette lässt sich vielseitig variieren: zum Beispiel mit gekoch- tomaten, Paprika- oder Fenchelstücken, fein geschnittenem Kohl oder mit grünen

MAQLUBE

Dieser geschichtete Reistopf mit jeder Menge Köstlichkeiten und herrlichen Gewürzen ist im Nahen Osten beheimatet. Er wird zum Servieren kopfüber („maqlube") auf eine große Platte gestürzt und mittig auf den Tisch gestellt. Fertig!

FÜR 6–8 PERSONEN

2 Auberginen
4 Hähnchenschenkel ohne Rückenstück
Meersalz
35 ml Öl
1 TL gemahlene Kurkuma
1 Stange Zimt
3 Sternanis
1 TL gemahlene Koriandersamen
½ TL Nelkenpulver
1 Msp. gemahlener Piment
3 Lorbeerblätter
Chili aus der Mühle
1,4 l heiße Geflügelbrühe
250 g Basmatireis
8 Riesengarnelen mit Kopf und Schale
1 kleiner Blumenkohl
300 g Tomaten
1 Bund glatte Petersilie

ZUBEHÖR

Weber's Dutch Oven

VORBEREITUNG
20–25 Min. zubereiten

GRILLZEIT
1 Std. 30 Min.–1 Std. 40 Min.

GRILLMETHODE
direkte/indirekte Hitze

1 Den Grill für direkte/indirekte starke Hitze (220–240 °C) vorbereiten (Holzkohlegrill s. S. 10, Gasgrill s. S. 12). Den Dutch Oven über direkter Hitze bei geschlossenem Grilldeckel 12 bis 15 Min. vorheizen. Inzwischen die Auberginen putzen, waschen, trocknen und in 2 cm große Würfel schneiden. Die Hähnchenschenkel trocken tupfen, halbieren und mit Meersalz würzen.

2 Das Öl in den vorgeheizten Dutch Oven gießen und darin die Auberginen 6–8 Min. unter ständigem Rühren anbraten. Herausnehmen und auf Küchenpapier abtropfen lassen. Die Hähnchenteile in den Topf geben und bei geschlossenem Grilldeckel 8–10 Min. anbraten, dabei gelegentlich wenden. Die Gewürze zugeben, mit Chili würzen und die heiße Brühe aufgießen.

3 Den Dutch Oven in der indirekten Zone platzieren, den Deckel auflegen und die Hähnchenteile bei geschlossenem Grilldeckel 30–35 Min. garen. In der Zwischenzeit den Reis zwei- bis dreimal waschen, bis das Wasser klar ist. Die Garnelen kalt abbrausen und trocken tupfen.

4 Den Blumenkohl putzen und in kleine Röschen teilen. Tomaten putzen, waschen, trocken tupfen und halbieren. Den Grill für indirekte mittlere bis starke Hitze (170–190 °C) vorbereiten.

5 Die fertigen Hähnchenteile aus der Gewürzbrühe nehmen, die Brühe durch ein feines Sieb gießen. Reis, Garnelen, Blumenkohl, Hähnchenteile, Auberginen und Tomatenhälften abwechselnd in den Dutch Oven schichten und mit 800 ml heißer Gewürzbrühe aufgießen.

6 Den Maqlube mit dem Dutch Oven-Deckel verschließen und bei geschlossenem Grilldeckel in 40–45 Min. fertig garen. Die Petersilie verlesen, kalt abbrausen, trocken schütteln und samt Stielen sehr fein schneiden. Den fertigen Maqlube auf eine Servierplatte stürzen, mit Petersilie toppen und servieren.

weber
weber

LIEBLINGSESSEN

WEBER'S MOST WANTED

Es gibt Gerichte, die lieben alle – na gut, fast alle. Wenn ihr also die nächste Grillparty ins Auge fasst und euch noch unsicher seid, was ihr für eure Gäste zubereiten möchtet, dann werft einen Blick in dieses Kapitel. Pizza, Hähnchen, Brisket, Chili, Lachs … Hier kommen zehn Rezepte zum Verlieben.

HONIG-MAISBROT

Bei Brotteigen, herzhaftem Gebäck, Brioche oder Maisbrot könnt ihr euch an eine Faustregel zur Berechnung der Salzmenge halten: 1 kg Mehl benötigt rund 20 g feines Meersalz, das entspricht 2% der Mehlmenge, damit es einen runden Geschmack bekommt. Aber da sich über Geschmack bekanntlich nicht streiten lässt, könnt ihr die Salzmenge natürlich auch nach oben oder unten anpassen.

FÜR 4–6 PERSONEN

2 Eier (M)
1 EL brauner Rohrzucker
150 g Weizenmehl (Type 550) plus Mehl zum Ausstreuen
200 g Maismehl
35 g Honig (s. Tipp)
50 ml Olivenöl plus Olivenöl zum Einfetten
300 ml Buttermilch
1 TL Natron
1 Pck. Backpulver
7 g feines Meersalz
½ TL grobes Meersalz

ZUBEHÖR

Weber's Dutch Oven

VORBEREITUNG
15–20 Min. zubereiten

GRILLZEIT
35–45 Min.

GRILLMETHODE
indirekte Hitze

vegetarisch

1 Den Grill für indirekte mittlere bis starke Hitze (190–210 °C) vorbereiten (Holzkohlegrill s. S. 10, Gasgrill s. S. 12).

2 Die Eier zusammen mit dem Zucker in eine Rührschüssel geben und in mehreren Minuten dickschaumig aufschlagen.

3 Beide Mehle, den Honig, 25 ml Olivenöl, Buttermilch, Natron, Backpulver und das feine Meersalz zugeben und alles zu einem halbfesten, glatten Teig rühren.

4 Den Dutch Oven innen bis oben zum Rand mit Olivenöl einfetten und mit Mehl ausstreuen. Den Teig einfüllen, mit 25 ml Olivenöl übergießen und mit dem groben Meersalz bestreuen.

5 Den Dutch Oven mit dem Deckel verschließen und das Brot bei geschlossenem Grilldeckel 25–30 Min. backen.

6 Nach Ende der ersten Grillzeit den Dutch Oven-Deckel abnehmen und das Honig-Maisbrot im offenen Topf bei geschlossenem Grilldeckel in 10–15 Min. fertig backen. Vor dem Servieren etwas auskühlen lassen und warm genießen.

TIPP

In diesem Rezept bestimmt der Honig das Aroma des Maisbrotes. Kräftige Honigsorten wie Kastanien- oder Waldhonig haben selbstverständlich einen etwas intensiveren Geschmack als Akazien- oder Blütenhonig. It's up to you!

WEBER'S GOLD CHICKEN

Dieses Hähnchen ist Geschmack pur. Damit ihr nicht auf die knusprige Haut verzichten müsst, könnt ihr das Gold Chicken 10–15 Minuten vor dem regulären Grillzeitende aus dem Dutch Oven nehmen und bei 220–240 °C über indirekter Hitze bei geschlossenem Grilldeckel knusprig grillen.

FÜR 2–4 PERSONEN

1 Maishähnchen (1–1,2 kg)
Meersalz
1 kg weiße Zwiebeln
4 Knoblauchzehen
80 g mediterrane Kräuter (z. B. Lorbeerblätter, Rosmarin, Thymian)
500 g Butter
1 l heiße Geflügelbrühe
schwarzer Pfeffer aus der Mühle

ZUBEHÖR

Weber's Dutch Oven

VORBEREITUNG
15–20 Min. zubereiten

GRILLZEIT
ca. 45 Min.

GRILLMETHODE
direkte/indirekte Hitze

RUHEZEIT
3–5 Min.

1 Den Grill für direkte starke Hitze (220–240 °C) vorbereiten (Holzkohlegrill s. S. 10, Gasgrill s. S. 12).

2 Das Hähnchen trocken tupfen, dann innen und außen mit Meersalz einreiben. Zwiebeln und Knoblauch schälen und vierteln. Kräuter verlesen, kalt abbrausen und trocken schütteln.

3 Die Butter in den Dutch Oven geben und den Topf über direkte Hitze stellen. Sobald die Butter geschmolzen ist, darin das Hähnchen bei geschlossenem Grilldeckel 6–8 Min. von allen Seiten anbraten.

4 Anschließend Knoblauch- und Zwiebelviertel dazugeben und bei geschlossenem Grilldeckel 3–5 Min. mitbraten. Die Kräuter in den Topf geben, mit heißer Geflügelbrühe aufgießen und den Dutch Oven mit dem Deckel verschließen.

5 Den Grill für indirekte mittlere Hitze (150–170 °C) vorbereiten. Das Gold Chicken anschließend bei geschlossenem Grilldeckel 35–40 Min. garen.

6 Das Gold Chicken 10–15 Min. vor Grillzeitende mit schwarzem Pfeffer würzen und im offenen Topf bei geschlossenem Grilldeckel fertig grillen (Kerntemperatur 76–80 °C). Den Dutch Oven vom Grill nehmen und das Gold Chicken vor dem Servieren 3–5 Min. im Topf ruhen lassen. (Wenn nach dem Essen noch etwas von dem würzigen Buttersud übrig ist, den Rest durch ein Sieb gießen und kalt stellen. Wieder auf Raumtemperatur bringen, in der Küchenmaschine mehrere Minuten aufschlagen, und fertig ist ein leckerer Brotaufstrich.)

2

3

4

DARK BEER BRISKET

Ein traditionell auf dem Grill zubereitetes Brisket benötigt mindestens 10 Stunden Grillzeit. Im Dutch Oven ist es in 5–6 Stunden fertig, inklusive Räucherphase. Einfach fantastisch! Und das Fleisch schmeckt – auf diese Weise zubereitet – ebenfalls fantastisch.

FÜR 6–8 PERSONEN

2–3 × Dirty Dust-Würzmischung (s. S. 21)
1 Rinderbrust (2,5–3 kg), möglichst trocken gereift, pariert
2–3 EL Olivenöl
1 l heiße Rinderbrühe
500 ml Schwarzbier
25 ml Apfelessig

ZUBEHÖR

Backpapier/Butcher Paper
3–4 Handvoll Apfelholz-Räucherchips (mind. 30 Min. gewässert)
Weber's Dutch Oven

VORBEREITUNG
10–15 Min. zubereiten
mind. 5–6 Std. marinieren
(am besten über Nacht)

GRILLZEIT
5–6 Std.

GRILLMETHODE
indirekte Hitze

RUHEZEIT
25–30 Min.

1 Die Dirty Dust-Würzmischung zubereiten. Die Rinderbrust auf allen Seiten mit Olivenöl einreiben, rundherum mit der Würzmischung bestreuen und fest in Backpapier wickeln. Anschließend im Kühlschrank mind. 5–6 Std. marinieren (noch besser über Nacht).

2 Vor dem Grillen und Räuchern das Fleisch 30 Min. Raumtemperatur annehmen lassen. Den Grill für indirekte schwache bis mittlere Hitze (140–160 °C) vorbereiten (Holzkohlegrill s. S. 10, Gasgrill s. S. 12).

3 Das Fleisch mittig auf dem Grillrost platzieren, die gewässerten Räucherchips auf der Glut verteilen oder in die Räucherbox des Gasgrills geben und das Fleisch bei geschlossenem Grilldeckel mind. 1 Std. grillen und räuchern.

4 Den Grill für indirekte mittlere Hitze (160–180 °C) vorbereiten. Den Dutch Oven einsetzen, die Hälfte der heißen Brühe und des Schwarzbiers in den Topf gießen und die geräucherte Rinderbrust hineinlegen. Den Deckel des Dutch Oven auflegen und das Fleisch bei geschlossenem Grilldeckel 2,5–3 Std. garen.

5 Das Brisket in dieser Zeit stündlich wenden und mit Apfelessig einpinseln oder besprühen. Nach einer Grillzeit von 2,5–3 Std. die restliche Brühe und das übrige Bier zugießen und das Brisket weitere 1,5–2 Std. garen (Kerntemperatur 92–95 °C).

6 Den Dutch Oven vom Grill nehmen, das Brisket herausnehmen und in Butcher Paper oder Backpapier einschlagen. Vor dem Servieren 25–30 Min. ruhen lassen (z. B. in einer Isolierbox).

GOOD TO KNOW

Bei Longjobs solltet ihr bei einem Holzkohlegrill Briketts verwenden. Sie haben eine längere Brenndauer, weil sie, anders als Holzkohle, erst allmählich ihren vollen Brennwert entfalten. Um die Temperatur zu halten, einfach Briketts während des Grillens nachlegen. Genaueres dazu könnt ihr auf den Seiten 10–11 nachlesen.

SMOKEY CHILI

Ein geräuchertes Chili solltet ihr unbedingt mal probieren. Der Rauch verleiht dem Chili nämlich ein besonderes Aroma. Und das Ochsenmark sorgt für ordentlich Kraft im Feuertopf.

FÜR 4–6 PERSONEN

800 g Rinderhackfleisch
400 g Ochsenmark
2 Zwiebeln
4 Knoblauchzehen
2 rote Peperoni
2 rote Paprikaschoten
4 Tomaten
einige Stängel Petersilie
3–4 EL Öl
140 g abgetropfter Mais aus der Dose
280 g abgetropfte Kidneybohnen aus der Dose
2 EL Tomatenmark
1 EL edelsüßes Paprikapulver
Meersalz
600 ml heiße Rinderbrühe
300 ml passierte Tomaten
Cayennepfeffer

ZUBEHÖR

Weber's Dutch Oven
1–2 Handvoll Apfelholz-Räucherchips (mind. 30 Min. gewässert)

1 Den Grill für indirekte schwache bis mittlere Hitze (140 bis 160 °C) vorbereiten (Holzkohlegrill s. S. 10, Gasgrill s. S. 12).

2 Das Hackfleisch mit den Händen leicht zerbröseln und zusammen mit dem Ochsenmark auf dem Deckel des Dutch Oven verteilen. Den Deckel in der indirekten Zone platzieren, die Räucherchips auf der Glut verteilen oder in die Räucherbox des Gasgrills geben und Fleisch und Ochsenmark bei geschlossenem Grilldeckel 30–45 Min. räuchern.

3 Inzwischen Zwiebeln und Knoblauchzehen schälen und würfeln. Peperoni und Paprikaschoten putzen, waschen, trocken tupfen, halbieren, entkernen und ebenfalls würfeln. Tomaten waschen, trocken tupfen, halbieren, den Stielansatz entfernen und das Fruchtfleisch in Würfel schneiden. Petersilie verlesen, kalt abbrausen, trocken schütteln und samt Stielen fein schneiden.

4 Nach dem Räuchern den Deckel mit dem Hackfleisch vom Grill nehmen und den Grill für direkte starke Hitze (220–240 °C) vorbereiten. Den Dutch Oven über direkte Hitze stellen und bei geschlossenem Grilldeckel 8–10 Min. vorheizen. Anschließend das Öl hineingießen und darin Hackfleisch und Ochsenmark unter Rühren in 8–10 Min. goldbraun anbraten.

5 Zwiebel- und Knoblauchwürfel zugeben und bei geöffnetem Grilldeckel 3–5 Min. mitbraten. Peperoni- und Paprikawürfel, Mais, Kidneybohnen, Tomatenwürfel sowie das Tomatenmark zugeben und umrühren. Das Paprikapulver darüberstreuen, alles mit Meersalz würzen, die Brühe aufgießen und die passierten Tomaten einrühren.

6 Das Chili mit dem Dutch Oven-Deckel verschließen und bei geschlossenem Grilldeckel 35–40 Min. einkochen. Zum Servieren mit Cayennepfeffer abschmecken und mit der klein geschnittenen Petersilie toppen.

VORBEREITUNG
15–20 Min. zubereiten

GRILLZEIT
1 Std. 30 Min.–2 Std.

GRILLMETHODE
direkte/indirekte Hitze

TIPP

Peperoni sorgen für eine milde „europäische Schärfe". Der Cayennepfeffer ist im Vergleich dazu um einiges „hotter". Startet beim Abschmecken mit einer Messerspitze und tastet euch langsam heran. Ihr könnt aber auch mit Tabasco den weiteren Schärfegrad des Chilis bestimmen.

WEBER'S CAP PIZZA

Webers Dutch Oven 2-in-1 ist kein klassischer Dutch Oven, denn sein Design und seine Beschaffenheit bieten euch im Vergleich zu herkömmlichen Feuertöpfen fantastische Vorzüge. Ihr könnt beispielsweise den Deckel zugleich als Plancha nutzen!

FÜR 4 PERSONEN

½ Würfel frische Hefe (ca. 20 g)
2 EL Honig
500 g Weizenmehl (Type 405) plus Mehl zum Bearbeiten
10 g Salz
3–4 EL Olivenöl plus Olivenöl zum Servieren
250 g Kirschtomaten (mit Rispen)
2 rote Zwiebeln
80 g Rucola
350 g passierte Tomaten
1 TL Tomatenmark
1 EL getrocknete Kräuter der Provence
Meersalz
schwarzer Pfeffer aus der Mühle
300 g Mini-Mozzarellakugeln

ZUBEHÖR

Weber's Dutch Oven-Deckel oder Plancha

1 Die Hefe in 250 ml lauwarmes Wasser bröckeln, den Honig zugeben und so lange rühren, bis sich Hefe und Honig vollständig aufgelöst haben. Das Mehl in eine ausreichend große Rührschüssel sieben, Salz und Olivenöl zufügen, dann das Hefewasser hineingießen und die Zutaten mit den Händen in mehreren Minuten zu einem geschmeidigen Teig kneten.

2 Die Schüssel mit Frischhaltefolie abdecken und den Teig bei Raumtemperatur in 35–40 Min. zu doppelter Größe aufgehen lassen. Den Grill für indirekte mittlere bis starke Hitze (200 bis 220 °C) vorbereiten (Holzkohlegrill s. S. 10, Gasgrill s. S. 12). Den Dutch Oven-Deckel in der direkten Zone bei geschlossenem Grilldeckel 8–10 Min. vorheizen.

3 Inzwischen die Tomaten putzen, waschen, trocken tupfen und halbieren. Die Zwiebeln schälen, halbieren und quer in dünne Scheiben schneiden. Den Rucola verlesen, waschen und trocken schleudern. Die passierten Tomaten mit dem Tomatenmark und den Kräutern verrühren und kräftig mit Meersalz und schwarzem Pfeffer aus der Mühle würzen.

4 Den Teig zu 4 gleich großen Kugeln formen. Die Kugeln mit den Händen oder mithilfe eines Nudelholzes auf der bemehlten Arbeitsfläche zu 25–30 cm großen und 2–3 mm dünnen Teigkreisen formen, dabei die Ränder ein wenig dicker einfassen.

5 Die Tomatensauce gleichmäßig auf den Pizzaböden verstreichen, dann die Böden mit halbierten Tomaten, Mozzarella sowie Zwiebelscheiben belegen und mit Pfeffer würzen.

6 Die Pizzen nacheinander backen. Dafür die Teigkreise jeweils z. B. mithilfe eines bemehlten Pizzahebers auf den vorgeheizten Dutch Oven-Deckel geben und über indirekter Hitze bei geschlossenem Grilldeckel in 6–8 Min. knusprig backen. Zum Servieren mit Rucola toppen und mit Olivenöl verfeinern.

GOOD TO KNOW

Streicht man die passierten Tomaten direkt auf den Teigboden, wässern sie sofort aus. Verrührt ihr sie dagegen noch mit Tomatenmark, wird ihre Konsistenz schön sämig. Das liegt am hohen Stärkegehalt des Tomatenmarks.

VORBEREITUNG
15 Min. zubereiten
35–40 Min. Gehzeit des Teigs

GRILLZEIT
6–8 Min. pro Pizza

GRILLMETHODE
indirekte Hitze

vegetarisch

KANTON-ENTE

Bei dieser Zubereitungsart wird die Haut der Ente zwar nicht knusprig, allerdings besticht sie durch einen wunderbar feinwürzigen Geschmack!

FÜR 4 PERSONEN

2 Orangen
2 Äpfel
1 Ente (1,8–2 kg), küchenfertig vorbereitet
Meersalz
3–4 EL Öl
4 Stangen Zitronengras
4 Kaffir-Limettenblätter
2 Sternanis
1,5 l heißer Entenfond
1 Pak Choi
1 Fenchelknolle
2 Zwiebeln
4 Stangen Staudensellerie
je 1 gelbe, rote und grüne Paprikaschote
200 g Shiitake-Pilze
40 ml Hoisin-Sauce (chin. Würzsauce)
1 TL frisch geriebener Ingwer
½ TL Fünf-Gewürze-Pulver

ZUBEHÖR

6–8 Zahnstocher (gewässert)
Küchengarn zum Binden
Weber's Dutch Oven

1 Den Grill für direkte/indirekte mittlere Hitze (160–180 °C) vorbereiten (Holzkohlegrill s. S. 10, Gasgrill s. S. 12). Den Dutch Oven über direkter Hitze bei geschlossenem Grilldeckel 12 bis 15 Min. vorheizen. Orangen schälen und vierteln. Äpfel waschen, trocken tupfen, vierteln und entkernen. Die Ente trocken tupfen und den Bauchraum mit den Orangen sowie Äpfeln füllen.

2 Die Bauchöffnung mit Zahnstochern im Abstand von 1,5 cm quer verschließen. Dann die Zahnstocher von oben nach unten schlaufenförmig mit Küchengarn binden, anschließend ein weiteres Mal von unten nach oben binden und das Küchengarn zum Schluss verknoten. Die Ente rundherum mit Meersalz würzen.

3 Das Öl in den Dutch Oven gießen und darin die Ente über direkter Hitze bei geschlossenem Grilldeckel von allen Seiten 12–15 Min. anbraten. Zitronengras mit einem Messerrücken zerstoßen, mit Limettenblättern und Sternanis in den Topf geben und 1 l heißen Entenfond zugießen. Den Dutch Oven verschließen und die Ente mit der Brustseite nach unten über indirekter Hitze bei geschlossenem Grilldeckel 40–50 Min. garen.

4 Pak Choi und Fenchel putzen, vierteln, den Strunk entfernen und beide Gemüse in feine Streifen schneiden. Zwiebeln schälen und in Streifen schneiden. Sellerie putzen und schräg in dünne Scheiben schneiden. Paprikaschoten putzen, waschen, trocken tupfen, vierteln, entkernen und in Streifen schneiden. Pilze säubern und in dünne Scheiben schneiden. Hoisin-Sauce mit Ingwer und Fünf-Gewürze-Pulver verrühren.

5 Nach Ende der ersten Grillzeit die Ente wenden, die geschnittenen Zutaten und den übrigen heißen Entenfond in den Dutch Oven geben und die Ente im offenen Topf bei geschlossenem Grilldeckel 1 Std. weitergaren.

6 Die Ente mit der Hoisin-Sauce einpinseln und bei geschlossenem Grilldeckel in 10–15 Min. fertig garen (Kerntemperatur 82–86 °C). Vor dem Tranchieren 5–8 Min. ruhen lassen.

VORBEREITUNG
20–25 Min. zubereiten

GRILLZEIT
2 Std–2 Std. 20 Min.

GRILLMETHODE
direkte/indirekte Hitze

RUHEZEIT
5–8 Min.

GOOD TO KNOW

Geflügel kann grundsätzlich mit Salmonellen behaftet sein. Frisches Geflügelfleisch deshalb möglichst schnell und kühl nach Hause bringen und am kältesten Platz im Kühlschrank aufbewahren. Vor der Zubereitung nicht waschen, da sich sonst die Bakterien in der Küche verteilen.

BOURBON BEEF

Ein klassischer Schmorbraten im Dutch Oven. Das Wurzelgemüse solltet ihr richtig grob lassen, damit es über die lange Garzeit nicht zerfällt.

FÜR 4–6 PERSONEN

1 Rindertafelspitz ohne deutliche Fettauflage (2–2,5 kg)
Meersalz
1 frische Knoblauchknolle
2 Zwiebeln
4 Stangen Staudensellerie
400 g bunte Möhren und Petersilienwurzeln
1 Stange Lauch
200 g Sellerie
40 g mediterrane Kräuter (z. B. Lorbeerblätter, Rosmarin, Thymian)
3–4 TL Öl
1 TL schwarze Pfefferkörner
1 TL Wacholderbeeren
1 EL Tomatenmark
250 ml Bourbon
1 l heiße Rinderbrühe
schwarzer Pfeffer aus der Mühle

ZUBEHÖR

Küchengarn zum Binden
Backpapier
Weber's Dutch Oven

1 Den Grill für direkte mittlere bis starke Hitze (180–200 °C) vorbereiten (Holzkohlegrill s. S. 10, Gasgrill s. S. 12). Den Dutch Oven bei geschlossenem Grilldeckel 12–15 Min. vorheizen.

2 Den Tafelspitz mit Küchengarn binden, rundherum mit Meersalz würzen, mit Backpapier abdecken und ca. 15 Min. Raumtemperatur annehmen lassen. Inzwischen die Knoblauchknolle halbieren. Die Zwiebeln schälen und vierteln.

3 Den Staudensellerie putzen und quer halbieren. Möhren und Petersilienwurzeln schälen, den Strunk abschneiden und das Wurzelgemüse ebenfalls quer halbieren. Den Lauch putzen, waschen, trocken tupfen und in 10 cm breite Stücke schneiden. Den Sellerie schälen und in 2 cm große Würfel schneiden. Die Kräuter verlesen, kalt abbrausen und trocken schütteln.

4 Das Öl in den vorgeheizten Dutch Oven gießen und darin den Tafelspitz bei geschlossenem Grilldeckel von allen Seiten in 6–8 Min. kräftig anbraten. Anschließend das vorbereitete Gemüse, Zwiebeln, Knoblauch, Kräuter, Pfefferkörner und Wacholderbeeren zugeben und bei geschlossenem Grilldeckel 6–8 Min. mitbraten.

5 Den Grill für indirekte schwache bis mittlere Hitze (140 bis 160 °C) vorbereiten. Den Dutch Oven in der indirekten Zone platzieren. Das Tomatenmark in den Topf geben, unter Rühren kurz abbrennen lassen und mit dem Bourbon ablöschen.

6 Die heiße Brühe aufgießen, den Dutch Oven mit dem Deckel verschließen und das Fleisch bei geschlossenem Grilldeckel 2,5–3 Std. garen (Kerntemperatur 82–85 °C). Den Tafelspitz aus dem Sud nehmen und 6–8 Min. ruhen lassen Zum Servieren in Scheiben schneiden und nach Geschmack mit Meersalz und schwarzem Pfeffer aus der Mühle würzen.

TIPP

„Bourbon for flavour“ ist ein absolutes geschmackliches Highlight. Alternativ könnt ihr aber auch Craftbeer oder Rotwein verwenden oder den amerikanischen Whiskey durch Rinderbrühe ersetzen.

VORBEREITUNG
15–20 Min. zubereiten

GRILLZEIT
2 Std. 45 Min.–3 Std. 15 Min.

GRILLMETHODE
direkte/indirekte Hitze

RUHEZEIT
6–8 Min.

FOCACCIA ONE POT

Bohnen lieben mediterrane Kräuter, daher verfeinert euren Focaccia One Pot je nach Geschmack mit 2–3 EL fein geschnittenem Rosmarin, Thymian oder Salbei.

VORBEREITUNG
15 Min. zubereiten
35–40 Min. Gehzeit des Teigs

GRILLZEIT
40–45 Min.

GRILLMETHODE
direkte/indirekte Hitze

vegetarisch

FÜR 4–6 PERSONEN

½ Würfel frische Hefe (ca. 20 g)
2 EL Honig
425 g Weizenmehl (Type 550) plus Mehl zum Bearbeiten
8 g Salz
2 EL getrocknete Kräuter der Provence
1 TL gemahlener Kreuzkümmel
75 ml Olivenöl
2 rote Zwiebeln
100 g abgetropfte in Öl eingelegte getrocknete Tomaten
400 g mehligkochende Kartoffeln
1 Kohlrabi (ca. 300 g)
2 rote Paprikaschoten
25 ml Tomatenöl (von den getrockneten Tomaten)
1 Dose weiße Bohnen (Abtropfgewicht 250 g)
1–1,5 l heiße Gemüsebrühe
400 g grüne Bohnen, frisch gegart, oder TK-Bohnen, aufgetaut
Meersalz
schwarzer Pfeffer aus der Mühle

ZUBEHÖR

Weber's Dutch Oven

1 Die Hefe in 200 ml lauwarmes Wasser bröckeln, den Honig zugeben und so lange verrühren, bis sich Hefe und Honig vollständig aufgelöst haben. Das Mehl in eine Rührschüssel sieben. Salz, Kräuter, Kreuzkümmel und 3–4 EL Olivenöl zufügen, das Hefewasser hineingießen und die Zutaten mit den Händen in mehreren Minuten zu einem geschmeidigen Teig kneten.

2 Die Schüssel mit Frischhaltefolie abdecken und den Teig bei Raumtemperatur in 35–40 Min. zu doppelter Größe aufgehen lassen. Die Zwiebeln schälen und sehr fein würfeln. Die getrockneten Tomaten in Würfel schneiden. Kartoffeln und Kohlrabi schälen und jeweils in 1,5–2 cm große Würfel schneiden.

3 Die Paprikaschoten putzen, waschen, trocken tupfen, vierteln, entkernen und fein würfeln. Den Grill für direkte/indirekte mittlere bis starke Hitze (200–220 °C) vorbereiten (Holzkohlegrill s. S. 10, Gasgrill s. S. 12). Den Dutch Oven über direkter Hitze bei geschlossenem Grilldeckel 12–15 Min. vorheizen.

4 Den Teig auf der bemehlten Arbeitsfläche zu einem 25 bis 30 cm großen Teigkreis formen. Den Teigkreis in den Deckel des Dutch Oven legen, mit den Fingern eindrücken und gleichmäßig mit dem restlichen Olivenöl beträufeln.

5 Das Tomatenöl in den vorgeheizten Dutch Oven gießen und die Zwiebeln darin bei geschlossenem Grilldeckel mehrere Minuten andünsten. Tomaten, Kartoffeln, Kohlrabi, Paprika und die weißen Bohnen zugeben, die heiße Brühe aufgießen, den Dutch Oven in der indirekten Zone platzieren und verschließen.

6 Den Focaccia One Pot bei geschlossenem Grilldeckel 30 bis 35 Min. grillen. Kurz vor Grillzeitende die grünen Bohnen zugeben und kräftig mit Meersalz sowie schwarzem Pfeffer würzen.

2

4

5

DEEP FRIED ROOSTER CHICKEN

Ein milder, feinwürziger Rauchgeschmack begleitet euer knuspriges Rooster Chicken. Für die perfekte Sauce zum Dippen (ca. 150 ml) verrührt ihr 30 ml Sojasauce mit 30 ml Honig, 1 TL Currypulver, 25 g mildem Senf und 50 ml Sweet Chili Sauce. Tuck in!

FÜR 4 PERSONEN

1 Maishähnchen (1–1,2 kg)
2–3 EL Olivenöl
Meersalz
75 g ungesüßte Cornflakes
125 g Panko (asiat. Semmelbrösel)
2 Eier (M)
25 g Sahne
Mehl zum Wenden
Öl zum Ausbacken

ZUBEHÖR

Weber's Dutch Oven
1–2 Handvoll Apfelholz-Räucherchips (mind. 30 Min. gewässert)

VORBEREITUNG
20 Min. zubereiten

GRILLZEIT
45–60 Min.

GRILLMETHODE
direkte/indirekte Hitze

RUHEZEIT
3–5 Min.

1 Den Grill für indirekte schwache bis mittlere Hitze (140 bis 160 °C) vorbereiten (Holzkohlegrill s. S. 10, Gasgrill s. S. 12).

2 Das Maishähnchen auf die Brustseite legen, mit einer Schere links und rechts neben dem Rückgrat entlangschneiden und das Rückgrat entfernen. Das Hähnchen halbieren. Die Keulen abtrennen und am Gelenk durchschneiden. Die Hähnchenflügel abschneiden. Die Bruststücke in je 3 gleich große Stücke teilen.

3 Die Hähnchenteile mit Olivenöl einreiben und mit Meersalz würzen. Danach auf dem Deckel des Dutch Oven verteilen. Den Deckel in der indirekten Zone platzieren, die Räucherchips auf der Glut verteilen oder in die Räucherbox des Gasgrills geben und die Hähnchenteile bei geschlossenem Grilldeckel 30–35 Min. räuchern.

4 Die geräucherten Hähnchenteile vom Grill nehmen und auskühlen lassen. Den Grill für direkte mittlere bis starke Hitze (180–200 °C) vorbereiten.

5 Für die Panade Cornflakes und Panko mischen und mit den Händen grob zerbröseln. Die Eier mit der Sahne verquirlen. Die Hähnchenteile zuerst in Mehl, dann in den verquirlten Eiern und zum Schluss in den Bröseln wenden.

6 Den Dutch Oven einsetzen und 3–4 cm hoch Öl in den Topf gießen. Zum Ausbacken die Öltemperatur (mind. 160 °C, max. 180 °C) mithilfe des Temperaturfühlers prüfen. Die Hähnchenteile in zwei bis drei Durchgängen jeweils 8–10 Min. ausbacken (Kerntemperatur 76–78 °C). Danach auf Küchenpapier abtropfen und 3–5 Min. ruhen lassen.

3

5

6

IM TOPF GERÄUCHERTER LACHS

Wunderbar unkompliziert und einfach richtig gut. Ohne große Grill-Skills erhaltet ihr ein perfekt geräuchertes Lachsfilet aus dem Dutch Oven. Und die Kräutersauce sorgt für das Tüpfelchen auf dem i.

VORBEREITUNG 20–25 Min. zubereiten

GRILLZEIT 20–25 Min.

GRILLMETHODE direkte Hitze

FÜR 4–6 PERSONEN

1 Lachsfilet mit Haut (600–800 g und 1–2 cm dick), küchenfertig vorbereitet, ohne Gräten
4–5 EL Olivenöl
Meersalz
schwarzer Pfeffer aus der Mühle
2 Eier, hart gekocht
80 g gemischte Kräuter (z. B. Borretsch, Petersilie, Schnittlauch, Kresse, Pimpernelle, Sauerampfer, Kerbel)
50 g Mayonnaise
250 g saure Sahne oder Schmand
2 EL Aceto balsamico bianco

ZUBEHÖR

Tropfschale (ca. 15 × 22 cm)
4–5 EL Räuchermehl aus Buchenholz
alter Teller oder hitzebeständige Platte (max. 28 cm ø)
Weber's Dutch Oven

1 Den Grill für direkte starke Hitze (220–240 °C) vorbereiten (Holzkohlegrill s. S. 10, Gasgrill s. S. 12).

2 Die Tropfschale umdrehen und mittig in den Dutch Oven stellen. Das Räuchermehl um die Schale herum streuen.

3 Das Lachsfilet gegebenenfalls in der Größe des alten Tellers zuschneiden. Mit der Hautseite nach unten auf den Teller legen, mit 2–3 EL Olivenöl einreiben und mit Meersalz sowie schwarzem Pfeffer aus der Mühle würzen. Den vorbereiteten Lachs mitsamt dem Teller auf die Tropfschale im Dutch Oven stellen.

4 Den Dutch Oven über direkte Hitze stellen, den Grilldeckel schließen. Sobald sich sanfter Rauch entwickelt, den Dutch Oven mit dem Deckel verschließen und den Lachs bei geschlossenem Grilldeckel 20–25 Min. räuchern (Kerntemperatur 58–64 °C).

5 Inzwischen die Eier pellen, klein hacken und in eine ausreichend große Schüssel geben. Die Kräuter verlesen, kalt abbrausen und trocken schütteln. Je nach Beschaffenheit sehr fein schneiden und ebenso in die Schüssel geben.

6 Eier und Kräuter mit Mayonnaise, saurer Sahne, Essig und 2 EL Olivenöl verrühren und mit Meersalz sowie schwarzem Pfeffer aus der Mühle würzen. Zum Lachs servieren.

2
3
4

BEST OF PLANCHA

SURF & TURF

Die kulinarische Vereinigung von Land und Meer, also Fleisch und Meeresfrüchten, ist der Grundgedanke der aus den USA stammenden Surf & Turf-Küche. Für uns steht Surf & Turf in diesem Kapitel aber für etwas anderes: für die fantastischen Möglichkeiten, die das Grillen auf der Plancha bietet – und da kommt einiges zusammen, was Land und Meer zu bieten haben: Food to live for!

PHILLY STEAK

Mit der Plancha sorgt ihr beim Grillen von Steaks für eine vollflächige, schöne Kruste. Das originale Philly Steak stammt übrigens aus dem US-Bundesstaat Philadelphia, wo man es in Streifen geschnitten und mit geschmolzenem Käse in ein Sandwich packt.

FÜR 4–6 PERSONEN

2 Rumpsteaks mit deutlicher Fettauflage (je 400–500 g und 2,5–3 cm dick)
1–2 EL Olivenöl
Meersalz
8 Zweige Thymian
300 g braune Champignons
200 g Pimientos de Padrón (Brat- oder Grillpaprika)
schwarzer Pfeffer aus der Mühle
100 g Frischkäse
25 g grobkörniger Senf
1–2 EL Butter

ZUBEHÖR

Backpapier
Plancha

VORBEREITUNG
10–15 Min. zubereiten

GRILLZEIT
10–12 Min.

GRILLMETHODE
direkte Hitze

RUHEZEIT
3–5 Min.

1 Die Steaks trocken tupfen, auf allen Seiten mit Olivenöl einreiben und gleichmäßig mit Meersalz würzen. Mit Backpapier abgedeckt ca. 15 Min. Raumtemperatur annehmen lassen.

2 Den Grill für direkte mittlere bis starke Hitze (200–220 °C) vorbereiten (Holzkohlegrill s. S. 10, Gasgrill s. S. 12). Die Plancha bei geschlossenem Grilldeckel 8–10 Min. vorheizen.

3 Den Thymian kalt abbrausen, trocken schütteln, die Blättchen gegen die Wuchsrichtung abstreifen und fein hacken. Die Champignons putzen, gegebenenfalls säubern, die Stiele einkürzen und die Pilze halbieren. Die Pimientos putzen, kalt abbrausen und trocken tupfen.

4 Die Steaks jeweils mit ihrer Fettseite nach unten auf die Plancha legen und bei geschlossenem Grilldeckel in 3–4 Min. knusprig grillen. Anschließend bei geschlossenem Grilldeckel 6–8 Min. auf den Schnittflächen weitergrillen, dabei einmal wenden (Kerntemperatur 49–52 °C).

5 Nach der Hälfte der Grillzeit die Champignons auf der Plancha verteilen, mit gehacktem Thymian bestreuen und mit Meersalz sowie schwarzem Pfeffer aus der Mühle würzen. Den Grilldeckel wieder schließen und weitergrillen. Den Frischkäse mit Senf verrühren, mit Meersalz und schwarzem Pfeffer würzen.

6 Butter und Pimientos auf der Plancha verteilen und die Pimientos bei geschlossenem Grilldeckel 2–3 Min. mitgrillen, dabei gelegentlich wenden. Die Steaks vom Grill nehmen und 3 bis 5 Min. ruhen lassen. Anschließend das Fleisch mit der Frischkäse-Senf-Creme bestreichen, dann quer zur Faser in 1 cm dicke Scheiben schneiden und die Schnittflächen nach Geschmack mit Meersalz und schwarzem Pfeffer aus der Mühle würzen. Mit den Champignons und den Pimientos servieren.

GOOD TO KNOW

Aufgrund ihrer Beschaffenheit speichert die Plancha (spanisch für Platte, Blech, Eisen) unglaublich gut die Hitze, sodass sie auch häufiges Öffnen des Deckels verzeiht und die Hitze trotzdem nahezu konstant hält.

PFEFFERKOTELETTS MIT ZITRONEN-MOZZARELLA

Größere Mengen Würzmischung könnt ihr mithilfe einer Küchenmaschine zubereiten, oder die Gewürze zum Veredeln eurer Koteletts gleich in eine Gewürzmühle geben.

FÜR 4 PERSONEN

1 × Pepper Mill-Würzmischung (s. S. 21)
4 Schweinekoteletts (je ca. 300 g und mind. 2 cm dick)
4–6 EL Olivenöl
Meersalz
1 TL eingelegte grüne Pfefferkörner, abgetropft
4 Tomaten
2 rote Zwiebeln
2 Bio-Zitronen
250 g Mini-Mozzarellakugeln
80 g Wildkräutersalat

ZUBEHÖR

Backpapier
Zestenreißer
Plancha

VORBEREITUNG
10–15 Min. zubereiten

GRILLZEIT
10–12 Min.

GRILLMETHODE
direkte Hitze

RUHEZEIT
3–5 Min.

1 Die Pepper Mill-Würzmischung zubereiten. Die Koteletts trocken tupfen, rundherum mit 1–2 EL Olivenöl einreiben und auf allen Seiten gleichmäßig mit Meersalz würzen. Mit Backpapier abgedeckt ca. 15 Min. Raumtemperatur annehmen lassen.

2 Den Grill für direkte mittlere bis starke Hitze (200–220 °C) vorbereiten (Holzkohlegrill s. S. 10, Gasgrill s. S. 12). Die Plancha bei geschlossenem Grilldeckel 8–10 Min. vorheizen.

3 Den grünen Pfeffer mit einer Gabel grob zerstoßen. Tomaten putzen, waschen, trocken tupfen, die Stielansätze keilförmig herausschneiden. Zwiebeln schälen, halbieren und fein würfeln.

4 Mit einem scharfen Messer die Schale von 1 Zitrone entfernen und die Filets herausschneiden. Von der zweiten Zitrone Zesten vorbereiten und den Saft auspressen. Die Mozzarellakugeln abtropfen lassen. Den Wildkräutersalat verlesen, waschen und trocken schleudern.

5 Die Koteletts auf die Plancha legen und bei geschlossenem Grilldeckel 6–8 Min. grillen, dabei einmal wenden. Anschließend weitere 3–4 Min. auf der Knochenseite grillen (Kerntemperatur 54–58 °C). Die ganzen Tomaten auf die Plancha legen und mitgrillen, dabei gelegentlich wenden.

6 Die Koteletts vom Grill nehmen, von beiden Seiten mit der Würzmischung bestreuen und 3–5 Min. ruhen lassen. Tomaten in Scheiben schneiden, mit Meersalz würzen und auf die Teller verteilen. Zitronenfilets, Zesten und Zitronensaft mit 3–4 EL Olivenöl verrühren. Den Mozzarella mit grünem Pfeffer, Zwiebelwürfeln und Wildkräutersalat vermengen, auf die Teller verteilen und mit dem Zitronendressing beträufeln. Die Koteletts auf den Tellern anrichten und servieren.

TIPP

Kleine Verpackungseinheiten von fertigen Rubs, die zum Marinieren des Grillguts verwendet werden, sparen zum einen Zeit, zum anderen hat man nicht so viele einzelne geöffnete Gewürze. Für Vielgriller oder Freunde von großen Cuts empfiehlt es sich aber, die Würzmischungen selbst herzustellen. Das macht nicht nur Spaß, sondern entspannt auch den Geldbeutel.

MIDSOMMAR HOLZFÄLLERSTEAK

Nacken-, Kamm- oder Halskotelett sind hierzulande die gängigen Bezeichnungen für ein Steak, das aus dem Nackenbereich des Schweins geschnitten wird. Achtet auf die Qualität, denn je hochwertiger das Fleisch, umso besser ist das Ergebnis!

FÜR 4 PERSONEN

4 Schweinenackensteaks (je 200–250 g und 2–2,5 cm dick)
2–3 EL Olivenöl
Meersalz
6 rote Zwiebeln
1 Knoblauchknolle
1–2 EL Butter
schwarzer Pfeffer aus der Mühle
4 Eier (M)

ZUBEHÖR

Backpapier
Plancha

VORBEREITUNG
10–15 Min. zubereiten

GRILLZEIT
ca. 10 Min.

GRILLMETHODE
direkte Hitze

RUHEZEIT
3–5 Min.

1 Die Nackensteaks trocken tupfen, rundherum mit Olivenöl einreiben und auf allen Seiten gleichmäßig mit Meersalz würzen. Mit Backpapier abgedeckt ca. 15 Min. Raumtemperatur annehmen lassen.

2 Den Grill für direkte starke Hitze (220–240 °C) vorbereiten (Holzkohlegrill s. S. 10, Gasgrill s. S. 12). Die Plancha bei geschlossenem Grilldeckel 8–10 Min. vorheizen.

3 Die Zwiebeln schälen, halbieren und in dünne Spalten schneiden. Die Knoblauchknolle halbieren.

4 Die Steaks auf die Plancha legen und bei geschlossenem Grilldeckel 8–10 Min. grillen, dabei einmal wenden (Kerntemperatur 56–58 °C).

5 Nach dem Wenden der Steaks Zwiebelspalten und Knoblauch mit der Butter auf der Plancha verteilen und bei geschlossenem Grilldeckel mitgrillen.

6 Die Steaks vom Grill nehmen, mit schwarzem Pfeffer aus der Mühle würzen und 3–5 Min. ruhen lassen. Die Zwiebeln mit Meersalz und schwarzem Pfeffer aus der Mühle würzen. Zum Schluss die Zwiebeln auf eine Seite der Plancha schieben, den Grill ausschalten und die Eier bei geöffnetem Grilldeckel in 2–3 Min. zu Spiegeleiern braten.

TIPP

Steaks so heiß wie die Plancha! Gerade bei durchwachsenen Cuts wie beispielsweise den Nackensteaks ist ein vollflächiges Karamellisieren der Oberfläche durch die starke Hitze ein wahres Geschmackserlebnis.

GEGRILLTER HEILBUTT „YAM PAK STYLE"

Yam Pak ist ein thailändischer Salat aus frittierten (Salat-)Blättern. Zugegeben, in Fett gebadet sind unsere Zutaten nicht, doch durch die starke Hitze in Kombination mit dem Erdnussöl werden sie trotzdem schön knackig. Fernöstliche Aromen für euch und euren Grill!

FÜR 4 PERSONEN

1 × Yam Pak-Würzsauce (s. S. 23)
300 g Heilbuttfilet mit Haut (2–3 cm dick), küchenfertig vorbereitet
12 Garnelen ohne Kopf, küchenfertig vorbereitet und entdarmt
2 Pak Choi
150 g Zuckerschoten
1 rote Peperoni
80 g Shiitake-Pilze
2 reife Birnen
2 Möhren
½ Bund Koriandergrün
2 Stangen Zitronengras
35 ml Erdnussöl
2 Sternanis
40 g geröstete Erdnüsse

ZUBEHÖR

Plancha

VORBEREITUNG
20–25 Min. zubereiten

GRILLZEIT
15–20 Min.

GRILLMETHODE
direkte Hitze

1 Den Grill für direkte starke Hitze (220–240 °C) vorbereiten (Holzkohlegrill s. S. 10, Gasgrill s. S. 12). Die Plancha bei geschlossenem Grilldeckel 8–10 Min. vorheizen. Die Yam Pak-Würzsauce zubereiten.

2 Heilbuttfilet und Garnelen kalt abbrausen und trocken tupfen. Das Filet quer in 4 gleich große Stücke schneiden.

3 Den Pak Choi putzen und vierteln. Die Zuckerschoten putzen und schräg halbieren. Die Peperoni putzen, der Länge nach halbieren, entkernen und schräg in Stücke schneiden. Die Pilze gegebenenfalls säubern und je nach Größe halbieren.

4 Die Birnen schälen, vierteln, entkernen und in Spalten schneiden. Die Möhren putzen, der Länge nach vierteln und schräg in Stücke schneiden. Den Koriander verlesen, kalt abbrausen, trocken schütteln und die Hälfte samt Stielen fein schneiden. Die ganzen Korianderstängel zum Servieren beiseitelegen. Das Zitronengras mit einem Messerrücken anklopfen.

5 Zwei Drittel des Erdnussöls auf der Plancha verteilen. Sternanis, Zitronengras und sämtliche vorbereitete Zutaten außer dem Fisch darauf verteilen. Das Yam Pak bei geschlossenem Grilldeckel 6–8 Min. grillen, anschließend mit der Yam Pak-Würzsauce ablöschen.

6 Danach die Zutaten auf der Plancha zusammenschieben, das restliche Erdnussöl auf die Plancha gießen und darauf die Fischfilets legen. Bei geschlossenem Grilldeckel 3–5 Min. grillen und die Filets nach der Hälfte der Grillzeit wenden. Zum Servieren mit den Korianderstängeln und den Erdnüssen toppen.

TIPP

Feste Fischfilets mit Haut, z. B. von Forelle, Saibling, Lachs, Wolfsbarsch, Steinbutt oder Heilbutt, eignen sich perfekt für die Plancha. Bei Filets, die leicht zerfallen, wie etwa vom Kabeljau, Schellfisch oder Seelachs, nehmt ihr am besten die sogenannten Loins (Rückenfilets) mit Haut. Deren Fleisch ist etwas dicker und fester.

GESPICKTES LACHSFILET MIT LARDO

Zunächst auf der Fleischseite des Lachses gegrillt, zerläuft der Lardo und sorgt für leichte Rauchnoten. Der Lachs bleibt nicht kleben und bekommt eine schöne Kruste.

FÜR 4 PERSONEN

½ Lachsfilet mit Haut (800–1000 g), küchenfertig vorbereitet, Gräten entfernt
2 Zweige Rosmarin
4 Stängel Basilikum
80 g Lardo, grüner Speck oder Frühstücksspeck
1–2 EL Olivenöl plus 25 ml Olivenöl
16 getrocknete Tomatenfilets
Meersalz
schwarzer Pfeffer aus der Mühle
2 Frühlingszwiebeln
1 TL eingelegte grüne Pfefferkörner, abgetropft

ZUBEHÖR

Plancha

1 Den Grill für direkte mittlere bis starke Hitze (200–220 °C) vorbereiten (Holzkohlegrill s. S. 10, Gasgrill s. S. 12). Die Plancha bei geschlossenem Grilldeckel 8–10 Min. vorheizen. Das Lachsfilet kalt abbrausen und trocken tupfen, danach in der Mitte der Länge nach einschneiden, dabei die Haut nicht durchschneiden.

2 Anschließend dreimal im gleichen Abstand waagerecht einschneiden, sodass 8 gleich große Portionen entstehen. Die Kräuter kalt abbrausen, trocken tupfen. Rosmarinnadeln und Basilikumblätter abzupfen, die Nadeln fein hacken, Basilikum ganz lassen (einige Blätter zum Garnieren beiseitelegen).

3 Den Lardo so schneiden, dass er in die Zwischenräume des Lachsfilets passt. Das Lachsfilet mit 1–2 EL Olivenöl einreiben, dann Lardo, Basilikumblättchen und 10 Tomatenfilets in die Zwischenräume des Lachsfilets stecken.

4 Das Filet mit etwas Meersalz würzen, mit der Hautseite nach oben auf die vorgeheizte Plancha legen und bei geschlossenem Grilldeckel 8–10 Min. grillen.

5 Nach der Hälfte der Grillzeit wenden (s. Tipp), mit Rosmarin bestreuen und mit schwarzem Pfeffer aus der Mühle würzen (Kerntemperatur 58–64 °C). Vom Grill nehmen und vor dem Servieren 3–5 Min. ruhen lassen. Die übrigen Tomaten klein würfeln und in eine ausreichend große Schüssel geben.

6 Die Frühlingszwiebeln putzen, waschen, trocken tupfen, der Länge nach vierteln, klein schneiden und zu den Tomatenwürfeln geben. Die Pfefferkörner mit einer Gabel leicht andrücken, mit 25 ml Olivenöl in die Schüssel geben und die Zutaten vermengen. Den Lachs mit der Mischung toppen und mit den beiseitegelegten Basilikumblättern garnieren.

- **VORBEREITUNG** 10–15 Min. zubereiten
- **GRILLZEIT** 8–10 Min.
- **GRILLMETHODE** direkte Hitze
- **RUHEZEIT** 3–5 Min.

TIPP

Zum Wenden des Lachsfilets solltet ihr einen großen, möglichst breiten Grillwender oder aber einen Pizzaheber benutzen.

MEERSALZ-DORADE „CESARE CARDINI STYLE“

Wenn ihr die trockene, entschuppte Haut der Doraden dünn mit Meersalz einreibt, gehört das Ankleben der Haut am Grillrost der Vergangenheit an.

FÜR 4 PERSONEN

2 Doraden (je 600–800 g), küchenfertig vorbereitet und entschuppt
1 Bio-Zitrone
40 g mediterrane Kräuter (z. B. Lorbeerblätter, Rosmarin, Thymian)
Meersalz
2–3 EL Olivenöl
schwarzer Pfeffer aus der Mühle
½ Bund glatte Petersilie
2 Romanasalatherzen
200 g Kirschtomaten (mit Rispen)
8 Kapernäpfel
3–4 EL Aceto balsamico bianco
12 Sardellenfilets
35 g gehobelter Parmesan

ZUBEHÖR

Plancha

VORBEREITUNG
10–15 Min. zubereiten

GRILLZEIT
12–15 Min.

GRILLMETHODE
direkte Hitze

1 Den Grill für direkte mittlere bis starke Hitze (200–220 °C) vorbereiten (Holzkohlegrill s. S. 10, Gasgrill s. S. 12). Die Plancha bei geschlossenem Grilldeckel 8–10 Min. vorheizen. Die Doraden unter fließendem kaltem Wasser abspülen, trocken tupfen. Die Fische auf beiden Seiten im Rückenbereich etwa viermal und ca. 5 mm tief im gleichen Abstand schräg einschneiden.

2 Die Zitrone in dünne Scheiben schneiden. Die Kräuter verlesen, kalt abbrausen und trocken schütteln. Die Fische innen und außen mit Meersalz würzen, dann den Bauchraum der Doraden gleichmäßig mit Zitronenscheiben und Kräutern füllen.

3 Das Olivenöl auf die vorgeheizte Plancha gießen, die Doraden nebeneinander, aber entgegengesetzt auflegen und bei geschlossenem Grilldeckel 12–15 Min. grillen, dabei einmal wenden und mit schwarzem Pfeffer aus der Mühle würzen.

4 Inzwischen die Petersilie kalt abbrausen, trocken schütteln und die Blätter samt Stielen sehr fein schneiden. Den Salat putzen, waschen, trocken tupfen und der Länge nach halbieren. Tomaten putzen, waschen und trocken tupfen.

5 Nach dem Wenden der Doraden die Salathälften und Tomaten ebenfalls auf die Plancha geben und bei geschlossenem Grilldeckel mitgrillen.

6 Zum Servieren die Doraden auf einer Servierplatte anrichten, Salathälften, Tomaten und Kapernäpfel um die Fische herum verteilen. Mit dem Essig beträufeln, mit Sardellenfilets, Petersilie und gehobeltem Parmesan verfeinern und mit schwarzem Pfeffer aus der Mühle würzen.

GOOD TO KNOW

Das Einschneiden der Haut sorgt bei sehr frischen Fischen dafür, dass das unter Spannung stehende Fischfleisch nicht reißt und sich der Fisch während des Grillens nicht durchbiegt. Generell sorgt das Einschneiden der Haut für ein gleichmäßigeres Garen beim Grillen und für eine etwas kürzere Grillzeit.

BLUEBERRY FRENCH TOAST

Mein absoluter „all-time favorite". Egal ob herzhaftes Frühstück, für den Hunger zwischendurch oder als kleines Dinner auf der Terrasse: in jedem Fall geschmacksintensiv, unkompliziert und schnell zubereitet.

FÜR 4 PERSONEN

2 Avocados
2–3 EL Olivenöl
Meersalz
125 g Heidelbeeren
40 g Rucola
150 g Schafskäse (Feta)
4 Eier (M)
200 ml Vollmilch
20 ml Öl
8 Scheiben Dinkel-Sandwichtoast
12 Scheiben Frühstücksspeck
4 EL saure Sahne

ZUBEHÖR

Plancha

VORBEREITUNG
5–10 Min. zubereiten

GRILLZEIT
8–10 Min.

GRILLMETHODE
direkte Hitze

1 Den Grill für direkte mittlere bis starke Hitze (200–220 °C) vorbereiten (Holzkohlegrill s. S. 10, Gasgrill s. S. 12). Die Plancha bei geschlossenem Grilldeckel 8–10 Min. vorheizen.

2 Die Avocados halbieren, jeweils den Kern entfernen, dann das Fruchtfleisch mit einem Löffel lösen und im Ganzen herausheben. Die Schnittflächen mit Olivenöl bepinseln und mit Meersalz würzen. Die Heidelbeeren verlesen, kalt abbrausen und trocken tupfen. Rucola verlesen, waschen und trocken schleudern. Den Schafskäse mit den Händen zerbröseln.

3 Die Eier gründlich mit der Milch verquirlen. Das Öl auf die Plancha gießen, die Toastscheiben nacheinander in der Eier-Milch wenden und auf die Plancha legen. Die Heidelbeeren darüberstreuen, andrücken und die Toastscheiben bei geschlossenem Grilldeckel 3–4 Min. grillen, dabei einmal wenden.

4 Danach die Toastscheiben vom Grill nehmen und warm halten. Die Avocados mit den Schnittflächen nach unten auf die Plancha legen, dann die Speckscheiben nebeneinander auflegen. Die Avocados auf Sicht braun und den Speck knusprig grillen.

5 Die Avocados vom Grill nehmen und der Länge nach in 1 cm breite Scheiben schneiden. 4 Sandwichböden mit je 1 EL saurer Sahne einstreichen und mit Rucola belegen.

6 Darauf Avocadoscheiben sowie jeweils 3 Scheiben gegrillten Speck verteilen, mit Schafskäse toppen und mit den übrigen Toastscheiben abschließen.

TIPP

Mit Erdnussbutter werden diese French Toasts noch ein bisschen verwegener, und ohne Speck zubereitet, erhaltet ihr die vegetarische Variante dieser kleinen Köstlichkeit.

WEBER'S CBCB

Weber's Crunchy Beef Chicken Bagel (CBCB) kombiniert feine fruchtige Süße und herzhafte Bodenständigkeit. Und doppelt gegrillt, ist der Bagel besonders knusprig.

FÜR 4 PERSONEN

½ Ananas
2 Tomaten
1–2 weiße Zwiebeln
8 Blätter Kopfsalat
2 Maishähnchenbrustfilets ohne Knochen und Haut (je 200–250 g)
1 TL Currypulver
Meersalz
schwarzer Pfeffer aus der Mühle
500 g Rinderhackfleisch (am besten selbst oder vom Metzger frisch gewolft)
4 Bagels
4 TL Butter, raumtemperiert
3–4 EL Erdnussöl
4 EL BBQ-Sauce

ZUBEHÖR

Plancha
Grillplattenpresse oder Fleischbeschwerer

VORBEREITUNG
10–15 Min. zubereiten

GRILLZEIT
8–12 Min.

GRILLMETHODE
direkte Hitze

RUHEZEIT
5–6 Min.

1 Den Grill für direkte mittlere bis starke Hitze (200–220 °C) vorbereiten (Holzkohlegrill s. S. 10, Gasgrill s. S. 12). Die Plancha bei geschlossenem Grilldeckel 8–10 Min. vorheizen. Strunk der Ananas abschneiden, die Frucht schälen und in 8 runde, 0,5 bis 1 cm dicke Scheiben schneiden (den festen Kern nach Belieben ausstechen). Tomaten waschen, trocken tupfen, Stielansätze herausschneiden, die Tomaten in 2 cm dicke Scheiben schneiden.

2 Zwiebel(n) schälen und in 1 cm dicke Scheiben schneiden. Die Salatblätter putzen, waschen, trocken schleudern. Die Hähnchenfilets in der Mitte der Länge nach bis zum Rand aufschneiden, dabei nicht durchschneiden, und aufklappen. Auf beiden Seiten mit Currypulver, Meersalz und schwarzem Pfeffer aus der Mühle würzen.

3 Das Hackfleisch kräftig mit Meersalz und schwarzem Pfeffer würzen. In 4 gleich große Portionen teilen und zu Kugeln formen. Die Bagels mittig aufschneiden und die Schnittflächen mit Butter bestreichen.

4 Das Erdnussöl auf die vorgeheizte Plancha gießen und die aufgeklappten Hähnchenbrüste auflegen. Die 4 Hackfleischkugeln mit Abstand zueinander ebenfalls auflegen und mit der Grillpalette auf ca. 1 cm flach drücken. Hähnchen und Pattys bei geschlossenem Grilldeckel 4–6 Min. grillen, dabei einmal wenden.

5 Vom Grill nehmen und 5–6 Min. ruhen lassen. Ananas, Zwiebel und Tomaten auf der Plancha verteilen und bei geschlossenem Grilldeckel 3–4 Min. grillen, dabei einmal wenden. Die Zutaten auf eine Seite der Plancha schieben, die Bagels auf den Schnittflächen 1–2 Min. auf Sicht grillen. Wenden und kurz anrösten.

6 Die Böden der Bagels mit der Hälfte der BBQ-Sauce bestreichen, mit je 2 Salatblättern, 2 Ananasscheiben und 1 Patty belegen. Hähnchen in Tranchen schneiden und auflegen. Mit Tomaten und Zwiebeln belegen. Schnittflächen der Bagel-Deckel mit übriger BBQ-Sauce bestreichen und die Deckel auflegen.

BUTTERFLY CHICKEN

Ihr könnt das Butterfly Chicken, während es mit der Hautseite auf der Plancha liegt, mit dem Dutch Oven beschweren. Dann wird die Haut gleichmäßig knusprig.

FÜR 4 PERSONEN

1 × Indian Butter Chicken-Würzpaste (s. S. 23)
2 Knoblauchzehen
2 Frühlingszwiebeln
1 grüne Paprikaschote
1 grüne Peperoni
½ Bund Koriandergrün
1½ Limetten
Meersalz
1 Maishähnchen (1,2–1,4 kg)
2–3 EL Erdnussöl

ZUBEHÖR

Plancha

VORBEREITUNG
20–25 Min. zubereiten

GRILLZEIT
30–40 Min.

GRILLMETHODE
direkte Hitze

RUHEZEIT
3–5 Min.

1 Die Indian Butter Chicken-Würzpaste zubereiten. Den Grill für direkte mittlere bis starke Hitze (200–220 °C) vorbereiten (Holzkohlegrill s. S. 10, Gasgrill s. S. 12). Die Plancha bei geschlossenem Grilldeckel 8–10 Min. vorheizen.

2 Knoblauch schälen und in Scheiben schneiden. Frühlingszwiebeln putzen, waschen, trocken tupfen, der Länge nach vierteln und fein schneiden. Paprikaschote und Peperoni putzen, waschen, trocken tupfen, vierteln, entkernen und fein würfeln.

3 Koriander verlesen, kalt abbrausen, trocken schütteln und fein schneiden. Die Topping-Zutaten mit dem Saft von ½ Limette mischen, mit Meersalz würzen. Die ganze Limette vierteln.

4 Das Hähnchen mit der Brustseite nach unten legen. Mit einer Schere auf einer Seite entlang des Rückgrats von hinten nach vorne durchschneiden. Auf der anderen Seite ebenfalls durchschneiden. Rückgrat entfernen. Hähnchen wenden und die Flügel abschneiden (Rückgrat und Flügel anderweitig verwenden).

5 Das Hähnchen mit einem kräftigen Druck beider Hände platt drücken und die Keulen zwei- bis dreimal bis zum Knochen einschneiden. Das Hähnchen auf beiden Seiten mit Meersalz würzen. Das Erdnussöl auf die vorgeheizte Plancha gießen, das Hähnchen mit der Hautseite nach unten auflegen und bei geschlossenem Grilldeckel 15–20 Min. grillen.

6 Das Hähnchen wenden, mit der Würzpaste einstreichen und bei geschlossenem Grilldeckel weitere 15–20 Min. grillen (Kerntemperatur 78–80 °C). 5 Min. vor Grillzeitende die Limettenviertel mitgrillen und das Topping auf dem Hähnchen verteilen. Hähnchen sowie Limettenviertel vom Grill nehmen und das Hähnchen 3–5 Min. ruhen lassen. Anschließend mit den gegrillten Limetten servieren.

5

6

6

MANUS KNITZEL

Die asiatischen Panko-Brösel werden aus weißem Hefebrot hergestellt. Das Brot wird ohne Kruste grob gerieben und getrocknet. Die groben Brösel werden beim Grillen, Backen, Frittieren oder Braten besonders knusprig und sorgen für eine schöne Kruste. Alternativ könnt ihr aber auch geriebenes Weißbrot oder Semmelbrösel verwenden.

VORBEREITUNG
20–25 Min. zubereiten

GRILLZEIT
ca. 15 Min.

GRILLMETHODE
direkte Hitze

FÜR 4 PERSONEN

4 Koteletts (möglichst vom Kalb; je 250–280 g), küchenfertig vorbereitet
Meersalz
schwarzer Pfeffer aus der Mühle
4 Eier (M)
25 g geriebener Parmesan
50 g Weizenmehl (Type 405)
120 g Panko (asiat. Semmelbrösel)
4–6 EL Öl
1 Bund glatte Petersilie
2 Schalotten
1 Knoblauchzehe
1 EL Kapernäpfel, abgetropft
Zesten und Saft von 1 Bio-Zitrone
75 ml Olivenöl

ZUBEHÖR

Backpapier
Plattiereisen
Plancha

1 Den Grill für direkte mittlere bis starke Hitze (200–220 °C) vorbereiten (Holzkohlegrill s. S. 10, Gasgrill s. S. 12). Die Plancha bei geschlossenem Grilldeckel 8–10 Min. vorheizen. Die Koteletts einzeln zwischen zwei Bögen Backpapier legen und mit dem Plattiereisen auf 1 cm flach klopfen.

2 Die Knitzel von beiden Seiten mit Meersalz und schwarzem Pfeffer aus der Mühle würzen. In einer Schüssel die Eier mit dem Parmesan verquirlen.

3 Zum Panieren die Knitzel nacheinander zuerst im Mehl, dann in der Ei-Parmesan-Mischung und zum Schluss in den Panko-Bröseln wenden.

4 Zum Grillen 2–3 EL Öl auf die vorgeheizte Plancha gießen, je 2 Knitzel entgegengesetzt auflegen und bei geschlossenem Grilldeckel 6–8 Min. grillen, dabei einmal wenden. Die fertigen Knitzel vom Grill nehmen, mit Meersalz sowie schwarzem Pfeffer würzen und warm halten. Die übrigen Knitzel genauso mit 2–3 EL Öl auf der Plancha zubereiten.

5 Inzwischen die Petersilie verlesen, kalt abbrausen, trocken schütteln und die Blätter samt Stielen sehr fein schneiden. In eine ausreichend große Schüssel geben. Schalotten und Knoblauch schälen und fein würfeln.

6 Die Kapernäpfel fein hacken. Schalotten, Knoblauch, Kapern, Zesten und Saft der Zitrone sowie das Olivenöl zur Petersilie geben, verrühren und mit Meersalz und schwarzem Pfeffer aus der Mühle würzen. Das Petersilien-Zitronen-Topping auf den Knitzeln verteilen und servieren.

1

3

4

MUSSEL DELIGHT

Die Plancha bietet ausreichend Fläche, um die Miesmuscheln perfekt zu grillen. Das Pfannenbrot von Seite 70 könnt ihr zusätzlich mitgrillen, und zwar direkt auf dem Grillrost. Das Brot wird dann aber indirekt gegrillt, damit es außen nicht verbrennt, bevor es durchgebacken ist.

FÜR 2–4 PERSONEN

1,5–2 kg Miesmuscheln
4 Schalotten
4 Knoblauchzehen
500 g Suppengemüse (z. B. Lauch, Möhren, Sellerie, Petersilie)
200 g Kirschtomaten
40 g mediterrane Kräuter (z. B. Lorbeerblätter, Thymian, Rosmarin)
3–4 EL Olivenöl
100 ml Weißwein
Meersalz
schwarzer Pfeffer aus der Mühle
450 ml heißer Fischfond

ZUBEHÖR

Plancha

VORBEREITUNG
25–25 Min. zubereiten

GRILLZEIT
ca. 10 Min.

GRILLMETHODE
direkte Hitze

1 Den Grill für direkte starke bis sehr starke Hitze (240–260 °C) vorbereiten (Holzkohlegrill s. S. 10, Gasgrill s. S. 12). Die Plancha bei geschlossenem Grilldeckel 8–10 Min. vorheizen.

2 Die Miesmuscheln verlesen, dabei bereits geöffnete Exemplare, die sich auch durch leichtes Zusammendrücken nicht wieder schließen, aussortieren und wegwerfen. Die Muscheln gründlich unter fließendem kaltem Wasser waschen und abbürsten, anschließend in einem Sieb abtropfen lassen und den Bart der Muscheln entfernen. Schalotten und Knoblauch schälen und in Spalten schneiden. Das Suppengemüse putzen, gegebenenfalls schälen und in walnussgroße Stücke schneiden. Die Petersilie verlesen, kalt abbrausen, trocken schütteln und die Blätter samt Stielen sehr fein schneiden.

3 Die Tomaten waschen, trocken tupfen und halbieren. Die Kräuter verlesen, kalt abbrausen und trocken schütteln.

4 Das Olivenöl auf die vorgeheizte Plancha gießen, die Miesmuscheln darauf verteilen und bei geschlossenem Grilldeckel 2–3 Min. grillen.

5 Danach Schalotten, Knoblauch, mediterrane Kräuter, das gesamte Gemüse sowie die Tomaten auf den Muscheln verteilen und die Zutaten bei geschlossenem Grilldeckel 5–6 Min. grillen, dabei gelegentlich umrühren. Kurz vor Ende der Grillzeit die Muscheln mit Weißwein ablöschen und mit Meersalz sowie schwarzen Pfeffer aus der Mühle würzen.

6 Zum Servieren den heißen Fischfond in vier vorgewärmte tiefe Teller gießen und die Muscheln auf die Teller verteilen, dabei Muscheln, die sich nicht geöffnet haben, aussortieren und wegwerfen. Zum Servieren die Muscheln mit der Petersilie toppen.

2

4

5

24/7 BURGER

Wer glaubt, schon jeden Burger gesehen oder gegessen zu haben, wird bei diesem Rezept Augen machen. Die Burger schmecken immer, rund um die Uhr – 24/7 eben!

VORBEREITUNG 20–25 Min. zubereiten

GRILLZEIT ca. 10 Min.

GRILLMETHODE direkte Hitze

RUHEZEIT 2–3 Min.

FÜR 4 PERSONEN

1 rote Peperoni
½ Bund Koriandergrün
500 g Geflügelhackfleisch (am besten selbst oder vom Metzger frisch gewolft)
3–4 EL Sojasauce
Meersalz
2 Eier (M)
2 Pak Choi
2 Zwiebeln
1 Avocado
½ Mango
3–4 EL Erdnussöl
100 g Sojasprossen
4 Black Burger Buns, aufgeschnitten
4 EL Mayonnaise
1 TL Currypulver

ZUBEHÖR

Plancha

1 Den Grill für direkte starke bis sehr starke Hitze (240–260 °C) vorbereiten (Holzkohlegrill s. S. 10, Gasgrill s. S. 12). Die Plancha bei geschlossenem Grilldeckel 8–10 Min. vorheizen. Peperoni putzen, entkernen, fein würfeln. Koriander verlesen, kalt abbrausen, trocken schütteln und sehr fein schneiden.

2 Hackfleisch mit Peperoni sowie Koriander vermengen, mit 2 EL Sojasauce und Meersalz würzen. Aus der Masse mit angefeuchteten Händen 4 ca. 12 cm breite und 1–1,5 cm dicke Pattys formen. Die Eier mit der übrigen Sojasauce verquirlen.

3 Pak Choi putzen und längs halbieren. Zwiebeln schälen, halbieren und in dünne Spalten schneiden. Avocado halbieren und entkernen. Mango schälen, das Fruchtfleisch abschneiden.

4 Das Erdnussöl auf die vorgeheizte Plancha gießen, die Pattys im vorderen Bereich auflegen. Bei geschlossenem Grilldeckel 6–8 Min. grillen, dabei einmal wenden (Kerntemperatur 74 bis 76 °C). Zwiebeln und Pak Choi im hinteren Bereich verteilen und bei geschlossenem Grilldeckel 3–5 Min. mitgrillen.

5 Fertige Pattys vom Grill nehmen und 2–3 Min. ruhen lassen. Avocado und Mango mit den Schnittflächen nach unten auflegen und auf Sicht 2–3 Min. grillen. Die Sprossen auf die Plancha geben und mitgrillen. Zwiebeln in 4 Portionen teilen, jeweils mit verquirltem Ei übergießen und das Ei stocken lassen.

6 Die Schnittflächen der Buns auf dem Grillrost auf Sicht rösten. Mayonnaise mit Currypulver verrühren. Bun-Böden mit der Hälfte davon bestreichen. Darauf Sprossen, Zwiebeln und je 1 Patty geben. Avocado aus der Schale lösen und in Scheiben schneiden. Mango ebenso schneiden und mit dem Pak Choi auf den Burgern verteilen. Bun-Deckel mit Mayonnaise bestreichen, auflegen und die Burger servieren.

2

4

5

KRÄUTERFORELLEN

Auch andere Fische wie etwa Dorade, Wolfsbarsch, Saibling oder Scholle eignen sich besonders gut für diese Zubereitungsart. Achtet dabei auf Größe und Gewicht und passt gegebenenfalls die Grillzeit an.

FÜR 4 PERSONEN

1 Bund glatte Petersilie
2 Forellen (je 600–800 g), küchenfertig vorbereitet
1 Bio-Zitrone
40 g mediterrane Kräuter (z. B. Lorbeerblätter, Rosmarin, Thymian)
Meersalz
400 g festkochende Kartoffeln
2 rote Zwiebeln
120 g Feldsalat
3–4 EL Öl
schwarzer Pfeffer aus der Mühle
2–3 EL Aceto balsamico
3–4 EL Kürbiskernöl

ZUBEHÖR

Plancha

VORBEREITUNG
10–15 Min. zubereiten

GRILLZEIT
ca. 20 Min.

GRILLMETHODE
direkte Hitze

1 Den Grill für direkte mittlere bis starke Hitze (200–220 °C) vorbereiten (Holzkohlegrill s. S. 10, Gasgrill s. S. 12). Die Plancha bei geschlossenem Grilldeckel 8–10 Min. vorheizen. Die Petersilie verlesen, kalt abbrausen und trocken schütteln. Die Hälfte der Petersilie sehr fein schneiden und beiseitelegen.

2 Die Forellen unter fließendem kaltem Wasser abspülen und trocken tupfen. Die Fische auf beiden Seiten im Rückenbereich im gleichen Abstand 2–3 cm schräg einschneiden. Die Zitrone in Scheiben schneiden. Die Kräuter verlesen, kalt abbrausen und trocken schütteln. Die Forellen innen und außen mit Meersalz würzen. Den Bauchraum der Fische mit Zitronenscheiben sowie den Kräutern samt den ganzen Petersilienstängeln füllen.

3 Kartoffeln waschen, trocken reiben und in sehr feine Scheiben schneiden oder hobeln. Die Zwiebeln schälen und fein würfeln. Den Feldsalat verlesen, waschen und trocken schleudern.

4 Das Öl auf die vorgeheizte Plancha gießen, die Kartoffelscheiben darauf verteilen und mit Meersalz sowie schwarzem Pfeffer würzen. Bei geschlossenem Grilldeckel 6–8 Min. grillen, dabei gelegentlich wenden. Nach der Hälfte der Grillzeit die Zwiebelwürfel hinzufügen und mitgrillen.

5 Kartoffeln in eine Schüssel geben und lauwarm abkühlen lassen. Forellen nebeneinander, aber entgegengesetzt auflegen und bei geschlossenem Grilldeckel 12–15 Min. grillen (Kerntemperatur 58–64 °C), dabei einmal wenden, mit schwarzem Pfeffer würzen und mit gehackter Petersilie bestreuen.

6 Den Feldsalat zu den Kartoffeln geben, die Zutaten mit Aceto balsamico sowie Kürbiskernöl vermengen, mit Meersalz und schwarzem Pfeffer würzen und zu den Forellen servieren.

3

4

5

BEST OF PLANCHA
VOL. 2

LOVE IN BBQ

Vorhang auf für die zweite Runde, in der das Grillen auf der Plancha im Mittelpunkt steht. Dieses Mal kommen reichlich Gemüse, Fingerfood und sogar frisch zubereitete Nudeln zum Einsatz. Welches Allroundtalent in der Grillplatte steckt, zeigen euch auch die Rezepte dieses Kapitels.

WEBER'S KLASSISCHER AVOCADOCOCKTAIL

Melonen gehören botanisch zur Familie der Kürbisgewächse und sind deshalb genau genommen ein Gemüse. Man unterscheidet hauptsächlich zwischen Wasser- und Zuckermelonen, wobei Letztere zur Gattung der Gurken zählen. Egal für welche Melonensorte ihr euch bei diesem Rezept entscheidet, das Fruchtfleisch sollte reif und aromatisch sein.

FÜR 4 PERSONEN

2 Avocados
Saft von 1 Zitrone
Meersalz
1 EL Maismehl oder Grieß
400 g Melonenfruchtfleisch (z. B. Wassermelone, Honigmelone, Charentais-Melone)
4 Stängel Minze
1 rote Peperoni
1 walnussgroßes Stück Ingwer
2–3 EL Olivenöl

ZUBEHÖR

Plancha

VORBEREITUNG
15–20 Min. zubereiten

GRILLZEIT
6–8 Min.

GRILLMETHODE
direkte Hitze

vegan

1 Den Grill für direkte mittlere bis starke Hitze (200–220 °C) vorbereiten (Holzkohlegrill s. S. 10, Gasgrill s. S. 12). Die Plancha bei geschlossenem Grilldeckel 8–10 Min. vorheizen.

2 Die Avocados der Länge nach halbieren, die Kerne entfernen und die Schnittflächen mit der Hälfte des Zitronensafts einreiben. Danach mit Meersalz würzen und mit Maismehl bestreuen.

3 Das Melonenfruchtfleisch in feine Würfel schneiden, dabei die Kerne entfernen. Die Melonenwürfel in eine ausreichend große Schüssel geben. Die Minze verlesen, kalt abbrausen und trocken schütteln.

4 Einige Minzblättchen abzupfen und zum Garnieren beiseitelegen, die restlichen Blätter ebenfalls abzupfen und sehr fein schneiden. Die Peperoni putzen, waschen, trocken tupfen, halbieren, entkernen und fein würfeln. Den Ingwer schälen und fein reiben.

5 Die vorbereiteten Zutaten bis auf die Avocados zu den Melonenwürfeln geben und mit übrigem Zitronensaft vermengen.

6 Das Olivenöl auf die vorgeheizte Plancha gießen, die Avocados mit den Schnittflächen nach unten auflegen und bei geschlossenem Grilldeckel 6–8 Min. grillen, dabei einmal wenden. Zum Servieren die Avocadohälften auf einer Servierplatte anrichten, mit dem Melonen-Topping füllen und mit den beiseitegelegten Minzblättchen garnieren.

TIPP

Der Avocadococktail ist schnelles Fingerfood und genau das Richtige für eine Grillparty. Nach Geschmack könnt ihr das Melonen-Topping noch mit 4 cl Limoncello, dem leckeren ita-

SPARGEL-CRÊPE

Je nach Wetterlage dauert die Spargelzeit hierzulande von Ende März bis zum 24. Juni, dem Johannistag. Darüber hinaus wird Spargel aus Übersee angeboten, der aber sehr hochpreisig und mit dem Geschmack aus heimischem Anbau nicht zu vergleichen ist.

FÜR 4 PERSONEN

40 g gemischte Kräuter (z. B. glatte Petersilie, Schnittlauch, Kerbel)
80 g Weizenmehl (Type 405)
1 Ei (M)
100 ml Milch
1 EL schwarze Sesamsamen
Meersalz
Muskat aus der Mühle
500 g grüner Spargel
1–2 rote Zwiebeln
2 Romanasalatherzen
2–3 EL Öl
1–2 EL Sojasauce
schwarzer Pfeffer aus der Mühle
3–4 EL Crème fraîche

ZUBEHÖR

Plancha

VORBEREITUNG
20–25 Min. zubereiten

GRILLZEIT
12–15 Min.

GRILLMETHODE
direkte Hitze

vegetarisch

1 Den Grill für direkte mittlere bis starke Hitze (200–220 °C) vorbereiten (Holzkohlegrill s. S. 10, Gasgrill s. S. 12). Die Plancha bei geschlossenem Grilldeckel 8–10 Min. vorheizen.

2 Kräuter verlesen, kalt abbrausen, trocken schütteln und fein schneiden. Mehl in eine Schüssel sieben, Ei, Milch und Sesam zugeben und alles zu einem glatten Teig verrühren. Die Kräuter einrühren und den Teig mit Meersalz sowie Muskat würzen.

3 Den Spargel putzen, ein Drittel vom unteren Ende rundherum abschälen und die Enden um 1–2 cm kürzen. Die Zwiebel(n) schälen, halbieren und in dünne Streifen schneiden. Die Romanasalatherzen putzen und vierteln.

4 Die vorgeheizte Plancha dünn mit Öl einpinseln, ein Viertel des Teigs auf die Plancha gießen und mit dem Rücken eines Schöpflöffels den Teig in kreisrunden Bewegungen bis auf mind. 20 cm Durchmesser aufstreichen. Sobald der Crêpe eine matte Oberfläche entwickelt, wenden und in 1–2 Min. fertig grillen. Fortfahren, bis 4 gleich große Crêpes entstanden sind.

5 Fertige Crêpes vom Grill nehmen und warm halten. Das übrige Öl auf die Plancha gießen. Spargel, Zwiebelstreifen sowie Salatviertel nebeneinander auflegen und bei geschlossenem Grilldeckel 4–5 Min. grillen, dabei gelegentlich wenden und zum Schluss mit Sojasauce, Meersalz und Pfeffer würzen.

6 Die Hälfte der Crème fraîche auf den Crêpes verstreichen, je 5 Stangen Spargel, 1 Romanasalatviertel und Zwiebelstreifen mittig auf die Crêpes legen und einrollen. Die eingerollten Crêpes nach Belieben noch einmal 1–2 Min. auf der Plancha erwärmen. Zum Servieren die restliche Crème fraîche auf die Teller streichen, darauf jeweils 1 Crêpe legen und die Crêpes mit dem übrigen Spargel toppen.

TIPP

Je nach Saison könnt ihr diese köstlichen Crêpes auch mit weißem Salatspargel (das ist tatsächlich eine Salatsorte, die spargelähnliche Stängel ausbildet), Wildspargel oder auch violettem oder weißem Spargel zubereiten.

GRIDDLE ZUCCHINI

Das Kräuter-Topping passt zu fast allem: ob Zucchini-, Auberginen- oder Süßkartoffelscheiben, gegrillter Kürbis, Pilze oder Kartoffeln. Probiert es aus!

FÜR 4 PERSONEN

2 Zucchini
Zitronensalz
2 Schalotten
½ Bund glatte Petersilie
½ Bund Basilikum
4 Stängel Minze
2 Bio-Zitronen
35 ml Olivenöl
Meersalz
schwarzer Pfeffer aus der Mühle
35 g geriebener Parmesan

ZUBEHÖR

Plancha

VORBEREITUNG
10–15 Min. zubereiten

GRILLZEIT
6–8 Min.

GRILLMETHODE
direkte Hitze

vegetarisch

1 Den Grill für direkte mittlere bis starke Hitze (200–220 °C) vorbereiten (Holzkohlegrill s. S. 10, Gasgrill s. S. 12). Die Plancha bei geschlossenem Grilldeckel 8–10 Min. vorheizen.

2 Die Zucchini putzen, waschen, trocken tupfen, der Länge nach in 1 cm dicke Scheiben schneiden und auf beiden Seiten mit Zitronensalz würzen.

3 Die Schalotten schälen, fein würfeln und in eine ausreichend große Schüssel geben. Petersilie, Basilikum und Minze verlesen, kalt abbrausen und trocken schütteln.

4 Die Kräuterblätter samt Stielen sehr fein schneiden und zu den Schalotten geben. Abrieb und Saft von 1 Zitrone sowie 25 ml Olivenöl unterrühren und die Kräutermischung mit Meersalz sowie schwarzem Pfeffer aus der Mühle würzen.

5 Die Zucchinischeiben mit Küchenpapier trocken tupfen. Das restliche Olivenöl auf die vorgeheizte Plancha gießen und die Zucchinischeiben bei geschlossenem Grilldeckel 6–8 Min. grillen, dabei einmal wenden.

6 Die zweite Zitrone halbieren, die Hälften mit den Schnittflächen nach unten auf die Plancha legen und mitgrillen. Nach dem Wenden die Zucchini mit der Kräutermischung toppen und mit geriebenem Parmesan bestreuen. Zum Servieren die gegrillten Zitronenhälften nach Geschmack über den Zucchinischeiben auspressen.

TIPP

Wenn ihr Lust auf ein richtig leckeres Maisbrot habt, dann schaut euch mal das Rezept auf Seite 110 an. Das Maisbrot schmeckt wunderbar zu den Griddle Zucchini.

CAMEMBERT-CRUSTYS

Zart schmelzender Camembert, knusprige Kartoffeln, feine Kräuter und cremig würziger Schmand, fertig ist ein leckerer Snack-Quicky! Beim Käse könnt ihr nach Herzenslust variieren. Weiche oder halbfeste Sorten wie Cheddar, Brie und holländischer Gouda eignen sich ebenso gut, da sie einen niedrigen Schmelzpunkt haben.

FÜR 4 PERSONEN

80 g gemischte Kräuter (z. B. Petersilie, Schnittlauch, Kerbel, Pimpernelle, Sauerampfer, Kresse, Borretsch)
1 Camembert (ca. 125 g)
400 g festkochende Kartoffeln
35 ml Olivenöl
Meersalz
schwarzer Pfeffer aus der Mühle
100 g Schmand

ZUBEHÖR

Plancha

VORBEREITUNG
10–15 Min. zubereiten

GRILLZEIT
8–10 Min.

GRILLMETHODE
direkte Hitze

vegetarisch

1 Den Grill für direkte starke Hitze (220–240 °C) vorbereiten (Holzkohlegrill s. S. 10, Gasgrill s. S. 12). Die Plancha bei geschlossenem Grilldeckel 8–10 Min. vorheizen.

2 Die Kräuter verlesen, kalt abbrausen, trocken schütteln und je nach Beschaffenheit samt Stielen sehr fein schneiden. Die Kräuter in eine Schüssel geben und mischen. Den Camembert in 4 gleich große Ecken schneiden. Die Kartoffeln schälen und mit einer groben Reibe raspeln.

3 Die geraspelten Kartoffeln in 4 gleich große Portionen teilen. Die Käseecken mit Kräutern ummanteln. Nacheinander je 1 Portion geriebene Kartoffeln in eine Handfläche nehmen, darauf jeweils 1 Ecke Camembert mittig platzieren und mit den geraspelten Kartoffeln ummanteln.

4 Fortfahren, bis 4 gleich große Camembert-Crustys entstanden sind. 25 ml Olivenöl auf die Plancha gießen, die Crustys nebeneinander auflegen und bei geschlossenem Grilldeckel in 8 bis 10 Min. knusprig grillen.

5 Die Crustys während des Grillens einmal wenden und mit Meersalz sowie schwarzem Pfeffer aus der Mühle würzen.

6 Den Schmand mit den restlichen Kräutern verrühren, mit Meersalz sowie schwarzem Pfeffer würzen und mit dem übrigen Olivenöl verfeinern. Zu den Camembert-Crustys servieren.

3

3

4

CORNER STORE SALAD

Fantastische Röstaromen verleihen diesem Salat einen ganz besonderen Geschmack. Lauwarm schmeckt er am besten, und wer will, toppt ihn zusätzlich noch mit etwas geriebenem Cheddar.

FÜR 4 PERSONEN

2 rote Zwiebeln
400 g Weißkohl
2 Möhren
150 g Sellerie
1 Stange Lauch
2 Maiskolben, vorgegart
½ Bund glatte Petersilie
3–4 EL Öl
35 ml Aceto balsamico bianco
Meersalz
schwarzer Pfeffer aus der Mühle
1–2 EL Ahornsirup
4 EL saure Sahne

ZUBEHÖR

Plancha

VORBEREITUNG
15–20 Min. zubereiten

GRILLZEIT
8–10 Min.

GRILLMETHODE
direkte Hitze

vegetarisch

1 Den Grill für direkte starke Hitze (220–240 °C) vorbereiten (Holzkohlegrill s. S. 10, Gasgrill s. S. 12). Die Plancha bei geschlossenem Grilldeckel 8–10 Min. vorheizen.

2 Die Zwiebeln schälen, halbieren und in dünne Spalten schneiden. Den Weißkohl putzen, den Strunk entfernen und den Kohl in 2 cm breite Spalten scheiden. Möhren und Sellerie schälen und raspeln. Den Lauch putzen, der Länge nach vierteln, unter fließendem kaltem Wasser abspülen, dann trocken tupfen und in 1 cm breite Stücke schneiden.

3 Die vorgegarten Maiskolben der Länge nach halbieren. Die Petersilie verlesen, kalt abbrausen, trocken schütteln und die Blätter samt Stielen sehr fein schneiden.

4 Das Öl auf die vorgeheizte Plancha gießen, sämtliches Gemüse darauf verteilen und bei geschlossenem Grilldeckel 8–10 Min. grillen, dabei gelegentlich umrühren.

5 Kurz vor Ende der Grillzeit das Gemüse mit dem Essig ablöschen. Die Plancha mit dem fertigen Gemüse vom Grill nehmen und das Gemüse kräftig mit Meersalz sowie schwarzem Pfeffer aus der Mühle würzen.

6 Nach Geschmack mit Ahornsirup sowie saurer Sahne toppen und den Salat mit Petersilie bestreut lauwarm servieren.

GOOD TO KNOW

Frische Maiskolben haben bei uns von Juli bis in den Spätherbst Saison. Frisch gegart und mit wenig Salz, Zimt und Anis gewürzt, schmecken sie einfach großartig.

Anstelle von Möhren, Sellerie und Lauch könnt ihr gern auf Suppengemüse zurückgreifen, das es meist in 500-g-Packungen gibt – hier die optimale Menge.

KARTOFFEL-GALETTE

Allein das Knistern der Kartoffelscheiben bei der Zubereitung auf der Plancha ist pure Sinnlichkeit für die Ohren, und der Geschmack dieser Galette schlicht hinreißend. Die Kartoffel beweist einmal mehr: Sie ist ein Tausendsassa!

FÜR 4–6 PERSONEN

6 mittelgroße festkochende Kartoffeln (450–550 g)
2 rote Zwiebeln
4 Knoblauchzehen
1 Bund Petersilie
2 Zweige Rosmarin
2–3 EL Öl
50 ml flüssige Butter (entspricht ca. 45 g fester Butter)
Meersalz
schwarzer Pfeffer aus der Mühle

ZUBEHÖR

Plancha

VORBEREITUNG
10–15 Min. zubereiten

GRILLZEIT
10–12 Min.

GRILLMETHODE
direkte Hitze

vegetarisch

1 Den Grill für direkte mittlere bis starke Hitze (200–220 °C) vorbereiten (Holzkohlegrill s. S. 10, Gasgrill s. S. 12). Die Plancha bei geschlossenem Grilldeckel 8–10 Min. vorheizen.

2 Inzwischen die Kartoffeln gründlich waschen, trocken reiben und in sehr dünne Scheiben hobeln oder schneiden. Zwiebeln und Knoblauch schälen und ebenfalls in sehr dünne Scheiben hobeln oder schneiden.

3 Die Kräuter verlesen, kalt abbrausen und trocken schütteln. Die Petersilienblätter samt Stielen sehr fein schneiden, Rosmarinnadeln abzupfen und sehr fein hacken.

4 Das Öl auf die Plancha gießen und mit einem Grillwender gleichmäßig verteilen. Die Kartoffelscheiben der Länge nach und leicht überlappend auffächern und nebeneinander auf die Plancha legen.

5 Anschließend mit der Hälfte der flüssigen Butter bestreichen, die Hälfte der Zwiebel- und Knoblauchscheiben zwischen den Kartoffelreihen verteilen und die Kartoffeln mit Meersalz sowie schwarzem Pfeffer aus der Mühle würzen. Bei geschlossenem Grilldeckel 5–6 Min. grillen.

6 Nach Ende der ersten Grillzeit die Kartoffelreihen wenden, mit Rosmarin bestreuen und die übrigen Zwiebel- und Knoblauchscheiben darauf verteilen. Mit der restlichen flüssigen Butter bestreichen, salzen und pfeffern und bei geschlossenem Grilldeckel weitere 5–6 Min. grillen. Zum Servieren mit der fein geschnittenen Petersilie toppen.

TIPP

Und dazu gibt es einen grünen Salat: 300 g grünen Kräutersalat verlesen, waschen und trocken schleudern. Für das Dressing 2 EL Schmand mit 4 EL Mandelmilch, 2–3 EL Olivenöl und 1–2 EL Aceto balsamico bianco verrühren, mit Meersalz und schwarzem Pfeffer würzen. Den Salat damit mischen.

GEGRILLTE AUBERGINEN MIT TAHIN

Tahin ist eine Paste aus geröstetem, fein gemahlenem Sesam und stammt ursprünglich aus dem arabischen Raum. Achtet beim Kauf auf gute Qualität, die günstigen sind meist sehr bitter.

FÜR 4 PERSONEN

2 Auberginen
Meersalz
2 Orangen
4 EL Tahin (Sesampaste)
1 Msp. gemahlener Kreuzkümmel
1 Msp. gemahlener Kardamom
3–4 EL ungeröstetes Sesamöl
schwarzer Pfeffer aus der Mühle

ZUBEHÖR

Plancha

VORBEREITUNG
10–15 Min. zubereiten

GRILLZEIT
6–8 Min.

GRILLMETHODE
direkte Hitze

vegan

1 Den Grill für direkte mittlere bis starke Hitze (200–220 °C) vorbereiten (Holzkohlegrill s. S. 10, Gasgrill s. S. 12). Die Plancha bei geschlossenem Grilldeckel 8–10 Min. vorheizen.

2 Die Auberginen putzen, waschen, trocken tupfen und der Länge nach in mind. 1 cm dicke Scheiben schneiden. Die Scheiben auf beiden Seiten im Abstand von 1 cm rautenförmig einschneiden, dabei nicht durchschneiden, und mit Meersalz würzen.

3 Die Orangen schälen, die Filets mit einem scharfen Messer herausschneiden und das restliche Fruchtfleisch auspressen. Die Filets je nach Größe halbieren oder dritteln.

4 Das Tahin mit 4 EL Orangensaft, Kreuzkümmel und Kardamom glatt rühren und mit Meersalz würzen.

5 Das Sesamöl auf die Plancha gießen und darauf die Auberginenscheiben bei geschlossenem Grilldeckel 6–8 Min. grillen, dabei einmal wenden.

6 Zum Servieren die Auberginenscheiben auf die Teller verteilen, mit Orangenfilets toppen, mit Orangensaft beträufeln und mit wenig Sesamcreme bestreichen. Mit schwarzem Pfeffer aus der Mühle würzen. Die restliche Sesamcreme separat dazu reichen.

TIPP

Die Tawjih Turab-Würzmischung von Seite 21 verleiht der Sesamcreme zusätzlich eine tolle orientalische Würze. Außerdem eignet sie sich perfekt zum Verfeinern von gegrilltem Gemüse, Pilzen, Kichererbsen, Salaten & Co.

WEBER'S WATERLESS NOODLES

Habt ihr schon mal Nudeln ohne Wasser zubereitet, und dann auch noch auf dem Grill beziehungsweise auf der Plancha? „It's magic"!

FÜR 4 PERSONEN

150 g Weizenmehl (Type 405)
1 Ei (M)
1 EL Olivenöl
Meersalz
Muskat aus der Mühle
1 kleiner Spitzkohl (300–400 g)
2 rote Zwiebeln
½ Bund glatte Petersilie
3–4 EL Öl
1 TL Kümmel
200 ml heiße Fleischbrühe (möglichst keine Instant-Brühe)
schwarzer Pfeffer aus der Mühle

ZUBEHÖR

Plancha

VORBEREITUNG
15–20 Min. zubereiten

GRILLZEIT
12–15 Min.

GRILLMETHODE
direkte Hitze

1 Den Grill für direkte mittlere bis starke Hitze (200–220 °C) vorbereiten (Holzkohlegrill s. S. 10, Gasgrill s. S. 12). Die Plancha bei geschlossenem Grilldeckel 8–10 Min. vorheizen.

2 Das Mehl in eine Schüssel sieben. Ei, Olivenöl und 100 ml lauwarmes Wasser dazugeben und so lange mit einem Holzlöffel rühren beziehungsweise aufschlagen, bis sich im Teig keine Klümpchen mehr bilden und er beim Abstellen Blasen wirft. Den Teig mit Meersalz und Muskat aus der Mühle würzen.

3 Den Spitzkohl putzen, den Strunk entfernen und den Kohl in dünne Streifen schneiden. Die Zwiebeln schälen, halbieren und ebenfalls in dünne Streifen schneiden. Die Petersilie verlesen, kalt abbrausen, trocken schütteln, die Blätter samt Stielen fein schneiden. Bis zum Servieren beiseitelegen.

4 Die vordere Hälfte der Plancha dünn mit Öl einpinseln. Ein Drittel des Teigs im vorderen Bereich dünn aufstreichen und stocken lassen. Sobald er matt schimmert, den Teig mit einem Grillwender in kurzen Bewegungen und in 1-cm-Abständen zügig von der Plancha schaben und in den hinteren Bereich der Grillplatte schieben.

5 So fortfahren, bis der Teig aufgebraucht ist (das dauert rund 4–6 Min.). Danach das restliche Öl, den Spitzkohl, die Zwiebeln sowie den Kümmel auf der Plancha verteilen und die Zutaten ein- bis zweimal mit der heißen Fleischbrühe ablöschen. Die Nudeln zusammen mit dem Gemüse bei geschlossenem Grilldeckel 6–8 Min. grillen, dabei gelegentlich durchrühren.

6 Zum Schluss mit Meersalz sowie schwarzem Pfeffer aus der Mühle würzen und mit der Petersilie toppen.

2

4

5

EISKALT & HEISS

WEBER'S FIRE & ICE

Jedes Tool, das Hitze speichert, speichert auch tiefe Temperaturen. Deshalb ist Weber's Dutch Oven 2-in-1 perfekt zum Rühren von schnell zubereitetem Eis oder Sorbet geeignet. Wenn der Feuertopf zum Eistopf wird, haben eure Gäste was zum Staunen, und die fruchtigen Begleiter werden ruckzuck auf der Plancha gegrillt.

WEBER'S BLITZEIS

Idealerweise friert ihr den Dutch Oven über mehrere Stunden bei minus 18 bis minus 21 °C ein (noch besser über Nacht). Die Zutaten zum Rühren sollten mindestens kühlschrankkalt sein, damit das Eis oder das Sorbet schnell gelingt. Da wir auf den Zusatz von Alkohol verzichten (der den Gefrierpunkt senkt) und ohne Zusatzmittel arbeiten, solltet ihr das Eis oder Sorbet erst kurz vor dem Servieren zubereiten und dann am besten aufessen, da es durch erneutes Einfrieren festfriert. Zum Servieren stellt ihr den Dutch Oven einfach auf den Tisch und reicht zum Eis oder Sorbet gegrilltes heißes Obst, Toppings oder Fruchtsaucen.

FÜR 6–8 PERSONEN

750 g TK-Beerenmix
400 g Crème fraîche
75 g Honig
55 g Puderzucker

ZUBEHÖR

Zerkleinerer
Weber's Dutch Oven

vegetarisch

1. Den Beerenmix im Zerkleinerer nacheinander fein zermahlen und in den tiefgefrorenen Dutch Oven geben. Eine Handvoll gemischte Beeren zum Garnieren beiseitelegen.
2. Crème fraîche, Honig und Puderzucker dazugeben.
3. Die Zutaten gründlich verrühren und den Dutch Oven 20 bis 25 Min. in das Tiefkühlfach stellen. Zum Servieren mit den beiseitegelegten Beeren bestreuen.

weber

1

2

3

1 GEGRILLTE WASSERMELONE MIT SCHOKOLADEN-MINZE-EIS

FÜR 6–8 PERSONEN vegetarisch

700 g klein geschnittene, gefrorene Bananen in der Küchenmaschine zerkleinern. Mit 3 EL ungesüßtem Kakaopulver, 100 g geraspelter Vollmilchschokolade, 300 g Joghurt (mind. 10 % Fett) sowie 35 g Honig im tiefgefrorenen Dutch Oven gründlich verrühren. Den Dutch Oven 20–25 Min. in das Tiefkühlfach stellen. Den Grill für direkte mittlere bis starke Hitze (200–220 °C) vorbereiten und die Plancha bei geschlossenem Grilldeckel 8–10 Min. vorheizen. ½ kernarme Wassermelone (ca. 800 g) in 4 Spalten schneiden, dünn mit Öl einreiben und auf der Plancha bei geschlossenem Grilldeckel 6–8 Min. grillen. Anschließend in Stücke schneiden und mit 2–3 EL Passionsfruchtmark und 2–3 EL klein gehackten gesalzenen Cashewkernen toppen.

2 GEGRILLTE ANANAS MIT JOGHURT-KOKOS-EIS

FÜR 6–8 PERSONEN vegetarisch

600 ml Kokosmilch in den tiefgefrorenen Dutch Oven gießen und 1–1,5 Std. gefrieren lassen, dabei im Abstand von 25 Min. mit einem Schneebesen durchrühren. Nach Ende der Gefrierzeit 50 g Kokosraspel, 300 g Joghurt (mind. 10 % Fett), 75 g Honig und 25 ml Kokossirup zugeben, die Zutaten glatt rühren und den Dutch Oven erneut für 20–25 Min. in das Tiefkühlfach stellen. Den Grill für direkte mittlere bis starke Hitze (200 bis 220 °C) vorbereiten und die Plancha bei geschlossenem Grilldeckel 8–10 Min. vorheizen. 1 Ananas der Länge nach vierteln, jeweils die holzige Mittelleiste entfernen und das Fruchtfleisch dünn mit Öl einreiben. Die Ananasviertel, beginnend auf den Schnittflächen, auf der vorgeheizten Plancha von allen Seiten 2–3 Min. grillen. Zum Servieren mit 2–3 EL Honig und mit 2–3 EL gerösteten Kokoschips toppen.

3 GEGRILLTE STEINFRÜCHTE MIT HEIDELBEEREIS

FÜR 6–8 PERSONEN vegetarisch

750 g TK-Heidelbeeren in der Küchenmaschine zerkleinern und mit 300 g saurer Sahne, 75 g Agavendicksaft sowie 35 ml Holunderblütensirup im tiefgefrorenen Dutch Oven gründlich verrühren. Den Dutch Oven 20–25 Min. in das Tiefkühlfach stellen. Den Grill für direkte mittlere bis starke Hitze (200–220 °C) vorbereiten und die Plancha bei geschlossenem Grilldeckel 8–10 Min. vorheizen. 500 g Steinfrüchte (z. B. Pfirsiche, Aprikosen, Mirabellen, Pflaumen, Zwetschgen) halbieren, die Kerne entfernen und die Schnittflächen dünn mit Öl einreiben. Die Früchte auf der vorgeheizten Plancha, beginnend auf den Schnittflächen, von allen Seiten 2–3 Min. grillen. Zum Servieren mit 2–3 EL Honig, dem Saft von 1 Limette und 200 g frischen Heidelbeeren toppen.

2
3
1
1
2
3

SACHREGISTER

REZEPTREGISTER

*Mit * gekennzeichnete Rezepte sind vegetarisch, mit ** gekennzeichnete vegan.*

V/W

Y

Z

APPETIT AUF MEHR?

ISBN 978-3-8338-8976-9

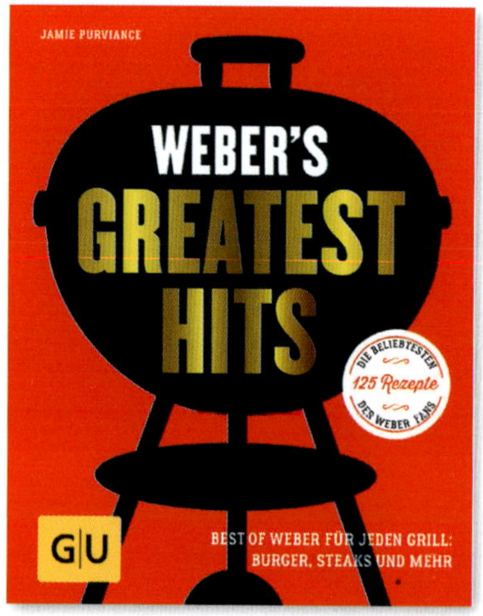

ISBN 978-3-8338-6258-8

ISBN 978-3-8338-2285-8

ISBN 978-3-8338-5994-6

ISBN 978-3-8338-5717-1

e Alle hier vorgestellten Bücher sind auch als eBook erhältlich.

GU

Mehr von GU auf **gu.de** | **gu.verlag** | **gu.verlag**

APPETIT AUF MEHR?

ISBN 978-3-8338-7950-0

ISBN 978-3-8338-8431-3

ISBN 978-3-8338-8627-0

ISBN 978-3-8338-1863-9

ISBN 978-3-8338-6975-4

Alle hier vorgestellten Bücher sind auch als eBook erhältlich.

G|U

IMPRESSUM

QUALITÄTS GU GARANTIE

LIEBE LESERINNEN UND LESER,
wir wollen Ihnen mit diesem Buch Informationen und Anregungen geben, um Ihnen das Leben zu erleichtern oder Sie zu inspirieren, Neues auszuprobieren. Wir achten bei der Erstellung unserer Bücher auf Aktualität und stellen höchste Ansprüche an Inhalt und Gestaltung. Alle Anleitungen und Rezepte werden von unseren Autoren, jeweils Experten auf ihren Gebieten, gewissenhaft erstellt und von unseren Redakteur*innen mit größter Sorgfalt ausgewählt und geprüft.

Haben wir Ihre Erwartungen erfüllt? Sind Sie mit diesem Buch und seinen Inhalten zufrieden? Wir freuen uns auf Ihre Rückmeldung. Und wir freuen uns, wenn Sie diesen Titel weiterempfehlen, in Ihrem Freundeskreis oder bei Ihrem Online-Kauf.

Sollten wir Ihre Erwartungen so gar nicht erfüllt haben, tauschen wir Ihnen Ihr Buch jederzeit gegen ein gleichwertiges zum gleichen oder ähnlichen Thema um.

KONTAKT ZUM LESERSERVICE
GRÄFE UND UNZER VERLAG
Grillparzerstraße 8
81675 München
www.gu.de

GU

GU ist eine eingetragene Marke der GRÄFE UND UNZER VERLAG GmbH, www.gu.de

ISBN 978-3-8338-9128-1

5. Auflage 2025

Autor: Manuel Weyer
Projektleitung: Dr. Maria Haumaier
Lektorat und Redaktion:
Karen Dengler, Werkstatt München
Korrektorat: Cornelia Greiner für Werkstatt München
Satz und Gestaltung:
Anja Dengler, Werkstatt München
Umschlaggestaltung:
ki36 Editorial Design, Sabine Krohberger, Stephanie Reindl, München

Layout: ki36 Editorial Design, Sabine Krohberger, Stephanie Reindl, München
Fotografie: Mathias Neubauer, Seligenstadt

Rezepte & Foodstyling:
Manuel Weyer, Mainz
Illustrationen: Marion Feldmann: S. 9; Fornfest, Aachen: S. 11, 12, 15, 16, 18, 19

Herstellung: Markus Plötz
Reproduktion: Longo AG, Bozen
Druck und Bindung:
Firmengruppe Appl, Wemding

Hinweis zur Verwendung von Aluminiumfolie
Salz- oder säurehaltiges Grillgut sollte keinen direkten Kontakt mit Alufolie haben, denn Salz und Säure lösen Aluminium an und übertragen es auf das Grillgut. Das Grillgut deshalb zunächst in Backpapier und dann erst in Alufolie wickeln.

Umwelthinweis:
Dieses Buch ist auf PEFC-zertifiziertem Papier gedruckt. PEFC garantiert, dass Holz- und Papierprodukte aus nachhaltig bewirtschafteten Wäldern stammen.